社會主義史（下卷）

新青年丛书

黄乔生 张远航 主编

中央编译出版社
CCTP Central Compilation & Translation Press

图书在版编目（CIP）数据

社会主义史．下卷 / 黄乔生，张远航主编．-- 北京：中央编译出版社，2025.3
（新青年丛书）
ISBN 978-7-5117-4424-1

Ⅰ．①社… Ⅱ．①黄… ②张… Ⅲ．①社会主义—政治思想史 Ⅳ．① D091.6

中国国家版本馆 CIP 数据核字 (2023) 第 086436 号

社会主义史．下卷

责任编辑	张　科
责任印制	李　颖
出版发行	中央编译出版社
地　　址	北京市海淀区北四环西路 69 号（100080）
网　　址	www.cctpcm.com
电　　话	（010）55627391（总编室）　（010）55627312（编辑室） （010）55627320（发行部）　（010）55627377（新技术部）
经　　销	全国新华书店
印　　刷	北京盛通印刷股份有限公司
开　　本	797 毫米 ×1094 毫米 1/16
字　　数	169 千字
印　　张	22.5
版　　次	2025 年 3 月第 1 版
印　　次	2025 年 3 月第 1 次印刷
定　　价	1280.00 元（全 8 册）

新浪微博：@ 中央编译出版社　　**微　　信：**中央编译出版社（ID：cctphome）
淘宝店铺：中央编译出版社直销店（http://shop108367160.taobao.com）（010）55627331

本社常年法律顾问：北京市吴栾赵阎律师事务所律师　闫军　梁勤
凡有印装质量问题，本社负责调换，电话：（010）55627320

新青年叢書第一種

社會主義史

英國克卡樸原著
英國闢司增訂
李季翻譯
蔡元培序

目錄

下卷

附錄

社會主義史 下卷

克卡樸 Thtmas Kirkup 原著
闞司 Edward R. Pease 增訂
李季譯

第十章 俄羅斯革命(Revolution in Russia)

俄羅斯社會主義的運動應當特別討論，因為這種運動和俄國特別的國情關係非常複雜。俄國在政治上比較歐洲別的國家要落後一世紀，各種進取的黨派——從最溫和的民黨(Whig)起，至無政府黨止——所要求的第一樁事就是憲法上的自由。但是俄國思想界大半是傾向于國際方面的；一般爭持立憲主義的人，是和英國圓顱黨人(Roundheads)或法國和平民政黨人(Girondins)相等的，他們都習聞馬克思和蒲魯東的學說，並且深知德法兩國社會民主黨的組織。所以俄國政治上的時期，從我們看起來，非非紛亂，似乎是時代錯誤了(Anachronisms)。在一方面我們看見一種中古式的教會和一種專制政治，這兩種東西的體裁與其說他是屬于歐洲式的，不如說他是屬于亞洲式的。　在他一方面，我們看見許多無政府黨人和虛無黨人（Nihilists）希望將他們的理想國家即刻就實現出來，這種目標是大多數人民所視爲須經過長期的發展，才能夠達到的。　俄國社會主義的運動和英國從大憲章（Magna Charta）起到一千九百十一年國會條例（The Parliament act of 1911）止這幾世紀中所爭的自由，是相等的。

俄國歷史轉入于兩大組織上，就是皇室（Tsardom）和「密爾」（Mir）。　皇室是俄國政治生命的機關，而「密爾」就是俄國農民中一種社會的組織，並且大概是全國經濟的基礎。

俄國皇室在俄國歷史的發展中已經做了一番極重要的事業，這是每個有理性的人所不能夠懷疑的。　皇室是一個勢力集中點，他聯合全國人民，並且統率他們和韃靼人（Tartass），土耳其（Turks）人，利出利安人（Lithuanians），波蘭人（Poles），和瑞典人（Swedes），作長期的，激烈的，和繼續的爭鬥。　俄國如果沒有皇室存在，他一定和波蘭所遭的命運是一樣的，波蘭因爲落于一般無黨政黨人和極端自私自利的貴族之手，遂發生紛亂，日漸貧弱，終至于滅亡。

俄國中央集權所以能夠成立，是由俄國各皇帝治理國家，用一種高壓手段，使各王公不得不屈服于他們權力之下，這種情形在別的國家中也是一樣的。俄國有許多皇帝如大彼得(Peter the Great)一流，都是富于創造性和勇氣的。他們將俄國人民從向來所好的舊世界的深窟中用法子趕出來；如果他們所用的方法沒有效果，他們就不惜用嚴刑重罰，去强迫一般人民向西歐開化的途徑進行。

俄國貴族既不能夠抵抗皇室，而一般僧侶尤沒有能力，和志願，去做這樁事體。俄國僧侶不是和羅馬教皇一樣，有一種國際上的大勢力去維持他們。他們是在東方希臘專制主義的習慣中淘養出來的，所無他們沒有志願去抵抗他們的元首。俄國一般農民，除掉在非常的時候，因失望到極處，迫不得已，起而作亂外，他們平常在政治上沒有什麽勢力。

俄國有了以上所說的這些情形，所以便能夠結合攏來，組成一種專制政體，而這種政體的勢力和穩固，在歐洲各國中却再沒有一個例可以和他相比較。這種專制政體已經挫折過許多很兇猛的強敵，維持國家的生存，在每一世代中，他已經將俄國勢力伸張於國外，他已經是俄國國脈中一種實在的中心點，因為他能夠滿足俄國人民要求和熱望。 俄國皇室所做的事業是極關緊要的，我們對于這一點如果不能了解，那麼我們便不能夠懂得他和俄國人民感情上相維繫的緣故。

俄國一般官吏照普通人猜想起來，以為是尊照俄皇意旨奉命惟謹的人，其實他們對于俄皇的權力能夠加以一種有效力的限制。 這些官吏從中央起一直到俄國極遠的邊境止，是執行俄皇命令的樞紐。 然他們可以用他們所習慣的遲延消極的反抗，提議，虛僞，儀注，和種種別的方法，使俄皇的意志不得推行，或是使他的意志歸于無效。

以上的情形就是俄國的中央集權。 現在我們再進而考究俄國的全體人民。 工業生活和城市生活在俄國國民生活中不過是占一小部分罷了。 大多數人民仍然是直接從土地上討生活的，他們仍然是以他們所組織的「密爾」為根據的。 現在大家都知道這種「密爾」是俄國式的鄉村社會，這種組織在世界各國中當農業發達時代，也是一時盛行的。

在歐洲各國中，因爲經濟上種種原因的作用，和許多別的理由，那種鄉村社會便只留了一個影子；然俄國的「密爾」至今日仍然是存在的。　這種「密爾」形成俄國大多數人民社會生活和自治的特別組織；他在經濟上也是自給的。　在「密爾」中，人民彼此的關係是以平等和自由爲原則的；但是在法律上他們都是田奴，一直到一千八百六十一年解放之後，他們才是自由的人民。　「密爾」是一種社會經濟的組織，他對于一般貴族主人和皇室都是狠便利的。他對于中央政府徵稅，募兵，和組織地方政府等事，是一種實在的單位。　所以政府當局求力鞏固這種組織，使他足以爲國民生活中一種社會的經濟的基礎。　近來俄國政府因爲要創造一種有財富的農民階級；遂將這種政策顛倒過來了，他們要設法破壞這種「密爾」的組織。

現在俄國法律規定一般農民可以將以前不能讓與的公共土地中他們所租借的部分，變爲自由保有不動產（Freeholds），然一般農民不大使用這種法律上所付與的權利。

後來西歐最新穎之革命的意見竟侵入一種這樣組織的國家內部。　在以前的時候，俄國人民已經具有一種革命的精神。　一般農民沉淪于非常的愚昧困苦之中，又受强迫；時常要納稅當差，他們於是心中極不滿意，甚至于迫而作亂。 當大加他憐(The Great Catherine)和亞歷山大一世(Alexander I.)在位的時候，一種偏于感情的自由主義，非常流行于上等階級中。 但這種主義不是能夠見諸實行的，他對于俄國專制政體，也不發生什麼危險。 當尼古拉(Nicholas)即位的初年，在聖彼得堡(St. Petersburg)的衛兵由許多傾心于自由主義的貴族軍官統率作亂。 尼古拉掃平這種亂事，非常敏捷。 他自從此時起一直到一千八百五十年他死的時候止，他在俄國中採用一種壓制政策，他在歐洲是一個極出力擁護專制主義的人。

至亞歷山大二世(Alexander II.)即位的時候，有許多情形聯合攏來，使俄國歷史上有一種新轉機。 俄國自古里米亞戰爭(The Crimean War)失敗以後，一般人民對于政府各種舊方法都極不相信了。 大家都以為在這一次戰爭中，西歐的種種理想和方法既已經證明了，比他們自已的要好些，那麼，俄國各種事業就應當效法西歐。 俄皇也承認實行新政策是必要的，於是大改革的事業着手實行，並且一時進行非常順利。 亞歷山大實行解放田奴，組織新法庭，對于地方政府採用一種新制度，對于教育事業予以一種實在的刺激。然沒有多久俄皇看見他所未加取締的自由主義的勢力大張，遂起首遲疑不進，後來這種勢力竟大有將俄國社會全體組織推翻之勢。亞歷山大二世和他的叔父亞歷山大一世一樣，都沒有十分的決心，去繼續進行一種實在的和有統系的改良事業。

凡已經改變和將要改變的各種事業，將舊俄羅斯保守的本性和成見都驚動起來了。當一千八百六十三年波蘭叛亂之際，俄國有許多自由黨人對于此事都表示同情，因此便引起俄國舊派中極强的反動力。到了一千八百六十六年凱拉科左夫(Karakozoff)謀暗殺俄皇沒有成功，這樁事可以看作俄皇在位中一種轉向點。俄國人的性情對于根本改革和逐漸的及溫和的改革這兩種觀念，向來是沒有十分習慣的。有許多人願意事事都改良，有許多人不喜歡變更，即要變更也當慢慢地進行，在俄國社會的情形中，要想將這兩種人調和攏來，簡直是不可能的事；於是一種革命的運動便發生出來了。這一個新派不獨是要將俄國特別的政治上的組織推翻，並且要將現社會根本上的各原則——財產，宗教，和家庭——推翻，當我們想及此事，我們便知道他們兩方決裂的事是不能夠倖免的。

俄國革命運動在他的歷史上可以分作三種時期。第一期自一千八百五十五年亞歷山大二世即位起至一千八百七十年止。這種時期中主要的特點就是消極，而虛無主義（Nihili-sm）這個名詞普通用起來指俄國革命中全體的運動，其實只能夠用于第一期。虛無主義不過是黑格爾黨左派中一種精神，而自由加入畢西訥（Büchner）和莫列各德（Moleschott）的唯物論當做哲學上最終的解放。在俄國曾經受過教育的各種階級中，宗教一項是沒有勢力的，而俄國的哲學不是俄國人自己逐漸闡明出來的，不過是一種時髦學說從外國輸入的，既有這樣的情形，所以那種破壞力最大的唯物論便容易得勝。唯物論是一種最時髦的新學說；他在一般急進的思想家中非常得勢；他是很清晰的很簡單的，並且是很透徹的。他在一種沒有經驗和未經訓練的文化中，是特別適于生存的。

脫格尼夫（Turgenief）在他的小說父和子（Fathess and Sons）中，將虛無主義運動描寫出來了，他說虛無黨人「對于任何種權力都是不肯服從的，對于宗教，無論別人如何尊崇，他們總是不肯信仰的」他們對于政治上的制度，社會上的組織，宗教，和家庭的意見，恰好如脫氏對他們所下的那種否定的批評是一樣的，這是他們很顯著的特質，他們覺得這些東西都是有缺陷的。他們具有一種革命的急躁性，凡是從古時候遺傳下來的東西，不論是好的或是歹的，他們一概排斥。他們對于藝術，詩歌，感情，和風流韻事，都一概鄙棄不道。剖解一個蝦蟆，這種新事實可以加增我們積極的知識，他們以為這椿事比較哥德的詩，和賴斐爾(Raphael)的畫，還要更加重要。

脫格尼夫在他的小說中以巴查諾夫(Bazarof)代表虛無主義，這並不是一幅什麼很動人心目的畫圖。巴查諾夫的勇氣，忠誠，精細，和獨立精神，固然可以欽佩；但是他的粗野，輕傲，和對于家庭感情的漠視，也是很可訾議的。因為這位英雄早死的緣故，我們便不能夠看見他的性情以後的發達是怎樣的。我們覺得這本小說中這種模範的生活如果繼續下去，我們將看見他在一種積極的方面有許多很重大的變化。普遍的消極狀態。在個人或國家的發達中，不過是一種暫時的態度罷了。消極可以作為治心的藥品，但是不能夠作為養心的食物。

凡一種解放的運動斷不能夠是一種純粹消極的事業；凡依一種運動中一個單獨的特點去描寫這種運動也是不適當的。 一班虛無黨人因爲硏究達爾文 (Darwin)，斯賓塞爾 (Hoibert Spencer)，和穆勒 (J. S. Mill) 的著作便構成一種更擴大的世界觀；他們在早年也受了聖西門，傅立葉和渦文，的影響，到後來又受了拉塞爾和馬克思的影響。 虛無黨人對于受壓迫的各階級，歷來就表示一種眞實的和無限的同情。 他們很願意喚醒大家不要專奢談藝術和詩歌，不要專講什麼感情，因爲這種東西常流于虛僞，他們要促起大家注意于人類「日食問題」，注意于普通人民因缺乏普通知識以致于滅亡這一類的事實。 他們極力主張婦女應當享有男子所享的同等權利。

這種屬于哲學的虛無主義在俄國思想史上不過是一種過去的形態罷了，他雖有許多地方是可以訾議的，然他在俄國却有一種有益的影響，這是顯然易見的。 在成見很深和積弊很重的俄羅斯，一付消極的藥差不多是必要的。 但是這種運動不能夠永久以消極爲他的養生之源。當時代向前推移，在俄國所起的解放戰爭，遂逐漸具有一種積極的性質。

俄國革命的運動在這種情形之中，便轉入第二期，第二期就是社會主義的學說傳播時期。在西歐所發生的事實，如國際工人協會的興起和進步，巴黎地方自治團的猛烈爭鬥，德國社會民主黨的出現，都足以激動俄國一班擁護自由的青年之思潮。現在有一種積極的和效力很遠的理想，引起許多醉心自由之人的熱望，他們要極力拯救一般貧民，這種貧民在俄國就是那些愚昧的困苦農民代表出來的。巴枯甯之無政府的社會主義，在俄國這種新運動中是一種强有力的元素，這是毫無疑義的。此外，我們便當承認拉甫諾夫（Lavroff）在這種運動中的勢力；拉氏是俄國一個著名的亡命客，他是代表無政府主義中一種溫和派，這一派承認無政府主義的學說當作一種合法的和循序的發達。俄國革命運動在第二期中也呈一種混雜的現象。然巴枯甯的無政府主義却仍是一種顯著的特點，所以那種消極的原動力還是巍然存在的。

在革命運動的第二期中，巴枯甯有一句實行的格言，就是「走入人民中間」（to go among

the people）去傳播新學說。　這種途徑却不知不覺爲政府的行動所推廣了。　當一千八百七十年之前，好幾百俄國男女青年在西歐留學，而在瑞士國齊利池留學的人尤多。　當這些男女學生在西歐的時候，時常和俄國革命的亡命之徒相接觸，他們將西歐各種尚未確定的理想，都傳染到他們的身上；到了一千八百七十三年俄皇下諭召他們回國。　他們遵命回國，但是他們却夾帶了許多新理想回來了。　「走入人民中間」這句話在一般信奉無政府主義的青年中，却視爲一種有統系的原則，成爲一種嗜好，和一種時髦的東西。　他們依照他們的信條，不要什麼形勢上的組織，他們的行動也沒有什麼確定的計畫。　他們「走入人民中間」各人依照自己心中所感動的事實，去做新學說的宣講者。

他們跑到鄉下去，或是敎書，或是擔任產科事業，或是以醫藥去幫助別人。　他們中間有許多人因爲要使自己和普通一般人民一樣，遂學了各種很卑賤的職業。　他們多擇了一種木匠或鞋匠的職業，因爲這種職業是最容易學好的。　還有許多人每日辛辛苦苦在工廠中做十點鐘的工作，因爲要是這樣，他們才能夠得到一種適當的機會去和他們同類的工人說一句話。有許多男子和婦女是出身貴族的，並且是在各種優美的文明之中教養出來的，他們却甘心情願和俄國一般農民共同生活，忍受那些難以名狀的痛苦。他們努力將他們的手弄得非常粗硬，將他們的臉在太陽中晒黑，並且穿上破爛的衣服，務必要同鄉中農民一樣，能夠如此，他們才不致引起一般農民的疑竇，因爲在俄羅斯國中，下等階級和紳士階級兩方的鴻溝，距離非常之寬，界綫也是非常分明的。

這些宣傳主義的人所得到的成效却非常有限。俄國一般農民的性情既極猜疑，而眼界又極狹小，所以他們對于這些奇人所說的奇事，不容易了解內中所含的眞意和目的。一般農民不獨是很猜疑的，並且是很冷淡的。還有一層，這些宣傳主義的人所傳達的使命，常作一種半吞半吐的程式，這種樣子在經濟發達的西歐各國才有些意義，在俄國他簡直是沒有靠着一般農民的經驗所能夠達到的地方。

這種傳播學說的社會僅經過一種狠短的時期。一班傳播新學說的人做事毫不謹慎，這樣輕忽的態度在俄國人的性情中，似乎是狠自然的。因此，俄國政府便不難發見這一班人的祕密，也不難追蹤他們。[illegible]當一千八百七十六年尚沒有過完，他們差不多都關在牢中。從一千八百七十三年起到一千八百七十六年止，被捕的人在二千名以上。有許多人押在牢中，經過幾年之久，到了一千八百七十七年之末，經警察調查的結果，才只有五十個人在莫斯科受裁判，一百九十三個人在聖彼得堡受裁判。有許多人是被法庭釋放了，然政府却用行政處分將他們一併放逐於荒遠的地方。

我們所述這種橫逆的遭際，遂使革命黨人用和平方法傳播主義的計畫歸於消　；現在他們決意採用一種依實行動作的方法而傳播主義的計畫。他們決定雜居於人民中間，預備舉起爲亂，反抗政府。和平的傳播方法既被禁止，他們便採用激烈的方法，訴諸武力。在俄國人民中採用這種行動眞是一種不顧利害的政策，因爲一般人民對於革命黨的宗旨，實在還不能夠了解。

因革命的行動所採用的計畫，要想成功，要想得到一般農民的信賴，只有假裝這種計畫是由俄皇批准的，這種情形眞是俄國所特有的。斯蒂芬諾斐（Gacob Stephanovitz）是革命黨中一個很著名的人物，他在俄國西南部宣言，他受了俄皇的命令，在人民中組織一個祕密會，反對一班貴族，僧侶，和官吏，因爲俄皇願意使一般農民得到土地和自由，而這些人通通反抗，使他不得實行他的計畫。斯蒂芬諾斐所說的話，大家聽了都不甚相信，以爲俄皇不致於這樣沒有權力，但是他所組織的祕密會畢竟能夠成功，大約有會員一千人。當這種祕密計畫爲警察所發覺的時候，那些農民對於他們受欺之事自然非常憤怒。就革命黨全體講起來，他們對於斯氏這種行爲的方法並不贊成，這一樁事是我們應當聲明的。

這種激烈的傳播主義的方法和那種和平的傳播主義的方法一樣，在俄國人民之中都沒有得到實在的立脚地。革命黨覺得他們一舉一動都有中央政府的各機關跟在後面，預備即刻鎮壓他們，使他們的努力歸於無效。他們現在相信他們務必直接攻擊專制政體和擁護專制政體的臣僕，他們從來既沒有受過寬厚的待遇，他們決定也不以寬厚待人；於是革命黨對於皇室開始作一種決切的，有統系的，和殘酷的戰鬥。他們因爲要達到這種目的，自然會將他們歷來做事的態度大大地加以改變。他們棄去巴枯甯所主張那種散漫的或全然空泛的行爲方法，而採一種狠堅固的組織。　凡黨中一切事務都由一個祕密的中央委員會指揮，這些委員都竭他們的全力去實行黨中各種新計畫。　在俄國革命運動的第三期中，第一樁大事就是一千八百七十八年一個女子名薩索里池（Uera Sassoulitch）在聖彼得堡暗殺警察官居列波夫將軍(General Trepoff)。　當居列波夫命令鞭打一個政治犯人的時候，薩氏便實行暗殺，至於這個政治犯是薩氏所不認識的。　他的目的是對於擁護專制政體而淩虐人類的臣僕作一種報復。　他經過審判之後，爲裁判官所釋放，這是出乎俄國宮庭意料之外的。　當他離開審判地點的時候，有許多警察想將他捉住，但是他們爲大衆所攔阻，沒有達到目的；於是他便安然逃入瑞士國中。

一般人民對於薩索里池極表同情，這樁事自然會引起革命黨中許多熱心家的大熱忱和競爭之心。　於是警察總監梅岑才夫(Mezontseff)將軍於青天白日之中，在聖彼得堡街中被刺死。　卡克夫(Charkoff)總督克魯泡特金親王(Prince Kropotkin)是一個革命黨人的親戚，他也被擊死。　德倫特恩(Drentein)將軍也在街中公然爲人所攻擊。　革命黨人自從這樣殂擊行政部一班武官之後，又進一步謀殺俄皇，因爲他是專制政體中一個主腦。 梭洛威夫（Solovieff）向俄皇連放五鎗，他却沒有受絲毫損傷；又有三次是想將他所乘的列車破壞，但是內中有一次失敗了，因爲俄皇已經改變了他向來坐車的次序；他在冬宮(The Winter Palace)逃去一次可怕的炸彈，因爲他這一次進食廳，比較平常略遲一點。 然革命黨的中央委員所有暗殺的計畫雖然屢次失敗，他們却不因此而中止他們那種拚命的事業，到了一千八百八十一年三月十三日俄皇亞歷山大慘死之事遂發生出來了。

亞歷山大二世慘死之事震動全歐引起一種恐惶，這是不用說的。 俄皇即位之初，就抱有極誠懇的熱心，大有造福俄民的希望，現在他却這樣凶終，大家都覺得非常可惜。 俄皇性本仁慈，又非不願意採用一種自由的政策，然他在俄國人民進步的運動中，却成爲一個被犧牲者，這樁事自然是難於索解。 要說明這種事實，應當從俄國特別的國情中將種原因找出來，因爲亞歷山大二世不過是一種政治制度中一個代表罷了，而這種制度本其向來的性質，地位，和歷史上的發展，對於一般人民常使用一種絕對的和殘暴的威權，不准人民享有思想自由和言論自由的基本權利，不准人民享有依法律所賦予的身體自由的權利，並且不准人民靠近立憲政治那一邊走。

俄國一班革命黨人在俄國現代歷史上已經做了好些很顯著的事業，現在我們對於他們應當略說幾句。俄國革命黨的黨員，差不多是由各種階級的人相混合而成的。有許多黨員是屬於爵位很高的貴族之家，這是我們已經知道的；有許多黨員是僧侶和下級官吏之子。來農民階級中也有許多人實行加入這一黨中。在這種運動最顯著的各特點中，有一個特點近，就是一班婦女所做的事業的影響。當一千八百七十八年的時候，薩索里池和專制政體開死戰之端。到了後來，有一位貴婦名白洛夫司克(Sophia Perovskaia)以招展他的面帕為號，指示一班男子用炸彈去暗殺亞歷山大二世。

但是俄國革命黨的黨員無論是貴族或農民，無論是男子或婦女，都是以他們的年輕見稱於世。在從事於這種爭鬥的人中有一大半都不到二十五歲。他們的年紀既極輕，那麼，不用說他們的熱忱自然比較他們的智慧要高一等，他們極富於希望即刻成功的活動力，然他們却缺乏一種忍耐性，這種忍耐性也很要緊的，因爲有了忍耐性才知道怎樣去靜候最切實的進步中許多漸次成熟的佳果。革命黨人將各種富於破壞力的學說遍種於俄國民間，我們看見這種情形，我們便知道在世界上沒有一種專制政體能夠不使用權力去壓制這樣的挑戰。只有一種開化民族的政府，習聞大家對於各種意見作其自由的和公然的討論，就能夠允許俄國革命黨所抱的這一類的意見自由傳播。

俄國革命黨的學說雖歷來就是極富於破壞性的，然他們起初却沒有出於激烈的行動，一直到他們受了中央政府的警察和別的官吏的壓迫，他們才激而出此，這種事實是應當注意的。這一班警察和官吏旣使用種種令人懷恨的壓制手段，遂激怒一般在各大學校讀書的學生，羣起騷擾，而他們却又用最野蠻的方法去鎮攝這種騷動。許多青年因爲犯了嫌疑，便被拘留，要靜候當局的偵查，時常是關在污穢不堪的牢中，一連好幾年，他們旣受了這樣的待遇，他們回想政府的罪惡，自然會懷一種仇恨之心。

凡組織傳播學說的社會，無論屬於何種形式，在俄羅斯國中，都也認爲不法的。革命黨人設有集會之權，沒有出版的自由，無論在什麼地方，也沒有言論的自由。　他們的四圍都滿佈密探，這些人都是準備將他們一言一行加以最壞的曲解。　那些農民本是他們所願意用新學說去教訓的人，也甚至於訐告他們。　他們會中一班同事，也時常因受誘惑，或受逼迫，陷害他們。　一班警察和政府中別的機關對於被告發而抱有革命思想的人；既慣用極嚴酷的方法去處置，於是一經受了什麼嫌疑的人，大禍就將臨頭了。　卽使被誣控的人出而訴諸法律，也沒有什麼把握，因爲他的案件甚至於不由通常法庭受理，他的命運一決於行政處分；就是，政府當局無須假裝使他經過合法的審判，就可以監禁他，或是將他送往西伯利亞(Siberia)充軍，或是殺戮他。　那些極力擁護自由的人，在種這情形之中，自然會逼而出於極端的陰謀，和極殘忍的激烈行動。

俄國革命黨的目的超過於自由主義和立憲政府的範圍之外，我們因爲歷史上的正確起見，不能不注重這一層事實，然平心論起來，他們所以採用激烈的手段，只因他們連政治上幾種基本的權利，政府都不肯給予人民的緣故。　和們雖和專制政體作最猛烈的爭鬥，然他們仍然是時常準備投下他們的武器，與政府講和。

自一千八百八十一年三月亞歷山大三世(A exander III.) 的父親被刺以後，革命黨的執行委員會(The Executive Committee) 送一封請願書給他，表明他們願意捨棄他們向來激烈的行爲方法，並且願意無條件屈服於由人民自由選舉的國會之前。 他們以爲在一種立憲政府之下，他們應當依照立憲的方法去做事。

至於參加俄國革命運動的人數究竟有多少，要精確說出來實在不大容易。 和俄國皇室直接作戰的黨人，比較地不算狠多。 反之這種革命的運動，在俄國社會中，却得到極大的同情。 我們既得不到精確的報告，我們可以將一位很有權替俄國革命黨代表發言的人所說的話，引出幾段如下：

「俄國革命的運動眞正是一種特別的革命，他既不是由大多數人民去實行的，也不是由覺得革命爲必要的人去實行的，但是由一種代表替大多數人依照這種目的去實行的。

「沒有一個人曾經計算過這一黨勢力的大小，沒有人能夠確切計算這一黨勢力的大小，這就是說沒有一個人能夠確切計算對於革命家的信條和熱望表示同情，而願意作共同行動的人共有多少。 我們所能夠說明的，就是俄國革命黨是一個極大的黨派，到了現在，這一黨散布各處的人數，總是以幾十萬甚至於幾百萬計算的。 這一大羣人民可以稱為一個革命國(Revolutionary nation)，然他們在這種革命的爭鬥之中，却沒有直接參加。 他們將他們的利益，榮譽，怨恨，和報復等事都委之于一班專門以革命為業的人；因為在俄國現時情狀之中，一般人民不能夠一面通常的國民，而一面又從事於社會主義和革命事業。

「眞眞的革命黨又可稱為戰戰爭的機關，他便從這種革命的領袖階級招致黨員」見斯特布尼克Stepniak) 所著的地底俄羅斯(Underground Russia)第二百六十四頁(一千八百八十二年版)

革命黨人許多年以來都為政府的壓制行動所屈服，他們的機關也為政府所摧殘。 然同時城市工業漸次興盛，而無產階級捨棄農業，他們在國民生活中漸成為一種要素。

一千八百九十六年在聖彼得堡所起的大同盟罷工，可以視為由近世工業的情形而自然發生的革命新運動中一種發軔點。 因此俄國便有一個社會民主黨發生出來，這一黨對於馬克思的學說非常注重。俄國社會主義家也第一次出席於這一年在倫敦所開的國際議會。

然談社會主義的人已經是如蠭而起，他們並且抱有一定的宗旨布滿全國；他們中間有許多人覺得他們不能夠靜候經濟的發展，他們以爲在俄羅斯特別的情形之中，一種熱烈的革命舉動是不可少的。舊革命黨中有許多殘餘的黨員，便做了一個社會主義革命黨(A Socialist Revolutionary Party)的種子，這一黨是一千九百零一年之末成立的。在俄羅斯國中，現在有兩個重要的社會黨：一個是社會民主黨，這一黨注重須等候俄國經濟的發展，而盡力創造無產階級一事也包含在內，一個是社會主義革命黨。第一黨要將一般農民引入他們的運動中，然俄國如果沒有大產業的事實發生，奪去農民的田產，那麼，這一黨的計畫簡直是毫無成功的希望。第二黨主張在農民中努力傳播他們的主義，並且主張對於皇室和他的臣僕作一種實在的戰爭。

除了這兩黨之外，在利曲利安，俄屬波蘭，和西俄各處，猶太工人組織一種社會主義的機關，名爲同盟會(The Bund)俄國政府因猶太人革命的活動，非常厭惡他們，而俄國農民和工人因猶太人中一般盤剝重利的人和商人的誅求無厭，也非常痛恨他們，這眞是他們在俄國所遭遇的特別命運。要懂得在俄國所發生的猶太問題，須將這兩點認淸。在俄國農民中還的一種土地均分的運動(an Agrarian movement)，這種運動雖組織不善，散漫無紀，然他在各種運動中却是一種最有勢力的運動。

到了一千九百零二年，學生騷動之事發生了，在大連灣(Port arthur)有好幾百犯人都送入軍隊中。在聖彼得堡和莫斯科的工人都幫助學生：重大的戰事發現出來了，普通一般人對於政府所用的嚴厲壓制手段，都懷一種憤怒之心，而各大臣的委員會也旋得了俄皇撤銷送學生入軍隊中的命令。

但是俄皇對於向立憲主義一途進行的事不願照准。威特伯爵(Count Witte)因開始向這一途前進，遂遭罷斥，而不列夫(Uon Plehve)卽繼他的後任。於是慘酷戰事又起；而大家也看破了俄國和專制政體並未嘗具有充足的軍力和外交上的能力，這兩種東西是普通一班人所猜想爲專制政體唯一的特長。不列夫於一千九百零四年七月被刺身死。當這個時期和以後的慘殺(Later Pogroms)時期俄國人民攻擊和慘殺猶太人之事，引起歐洲各國的憤怒，因爲這種事件是俄國當局所默認的，老實說，這是俄皇所贊成的。　一千九百零四年十三月截司德瓦(Zemstvos)的議會(州會)召集攏來了，會中共投一百零四票，有一百零二票贊成請求立憲，到一千九百零五年一月，有一個曾經從事工人組織而新近著名的牧師名哥旁(Father Gapon)率領十萬徒手人民向冬宮進行，要求政治上的權利。　這種遊行會爲軍隊與攻擊，內中受傷和擊斃的人在一千名以上。　哥旁自己逃走了，但是他後來畢竟爲革命黨人所殺，因爲他們當他做一個改變宗旨的奸細。　他或者也是一個亂七八糟的人物，和司居拿惑偶伯爵(Lord Strafford)溫特渥斯(Thomas Wentworth)一樣，起初做民主主義的代表，後來就連他們的靈魂都賣給一般暴君了。

「流血的星期日」('Bloody Sunday')旋又繼之以瓦薩(Warsaw)和波蘭各處革命的同盟罷工，不久這種風潮竟蔓延全國。　在阿德色(Odessa)地方，起了一種大變亂就是黑海艦隊的背叛有一個戰艦名波頓金(Potemkin)滿載背叛者，往來巡邏，但是沒有發什麼效果，後來那些叛徒將這個戰艦棄於羅馬尼亞一個港中(A Romonian Port)。到了八月，俄皇批准立憲和選舉事，但是工人階級和許多別的階級不得與聞選舉事務。這椿事體自然沒有一個人滿意：於是著名的總同盟罷工在莫斯科又跟着出現，並且蔓延及於俄羅斯全國；所有鐵路上各種輸運事業，都停止了，而聖彼得堡的全體組織都歸於停頓。這種同盟罷工眞正是普通的：就是那些裁判官也加入其中。然同盟罷工中秩序却非常之好，政府要用武力干涉，簡直是沒有機會可乘。於是俄皇又召還威特伯爵，到十月三十日降諭承認召集國會，過了兩天，又宣佈大赦。但是這些方法仍然不能夠平定一個龐大的和紊亂的國家。一千九百另六年一月莫斯科和巴爾梯克各省(Baltic Province)變亂復起，而一般農民繼續叛亂，不下一千六百次，然這些亂事經政府屠殺之後，逐漸蕩平了，這種屠殺之事大概是對付叛亂的常道。

至一千九百另六年五月俄國第一屆國會(Cuma)召集開會，僅經過七十天就消滅了。凡社會主義的各黨派都沒有加入第一屆國會，但是一個勞働團體(A Labour Group)中却有一百另七個農民和工人當選。社會民主黨人和社會主義革命黨人部參加一千九百另七年一月第二屆國會的選舉，國會中五百二十四個議員，有一百三十二個人是屬於社會黨的。一班提倡社會主義的人一直到現在雖仍然是受懲罰，然因此却使社會主義漸次得勢，這一次選舉，卽足以表示社會主義的勢力非常偉大。過了幾個月俄國總理大臣忽提議將十六個社會主義的國會議員，加以逮捕，還有五十五個議員，他就飭法庭提起公訴，因爲他們向海陸兩軍傳播革命的學說，而國會議決將此事交一個委員會審理，然到了六月，第二屆國會卽被解散了。於是一種新選舉法，未得國會的同意（這是違背憲法的舉動），便宣布出來了，這種法律所規定有選舉權的人多限於地主和財富階級，他予一班官吏以操縱選舉事務的權力，又將國會議員的數目從五百二十四名減至四百四十二名。第三屆國會是一千九百另七年十一月十五日召集攏來的，國會議員中社會黨人僅占十四名，工黨中人也僅占十四名。俄國政府卽刻又採用一種壓制政策：好幾百個新聞記者都被放逐於西伯利亞，第二屆國會中有二十六個社會主義的議員都被監禁，罰作苦工，第一屆國會中有一百六十三個議員處三個徒刑，並剝奪政治上一切權利，因爲他們於一千九百另五年作報復政府解散第一屆國會的舉動，簽名於一種要求人民消極抵抗政府的衞博克申訴書(Viborg Memorial)上面，按俄國第一屆國會自一九零六年七月九日被解散後，有議員二百餘人集於衞博克開會，并發出申訴書一道於全國國民，要求他們不向政府納稅，不入政府軍隊當兵，并且不借債給政府。又波蘭有六百個學校也由私人集貲開辦的，現在也被封閉了。當一千九百另八年的時候，復古的政策一時盛行：因政治上的過失而被放逐的人不下七萬名，因此而遭殺戮者有七百八十二人，（一千九百另七年被殺者有六百二十七人），至於判處流刑的人共有十八萬之譜。國會因爲要使一般農民得私有土地，遂通過一種法律：確認一千九百另六年俄皇的臨時諭旨，土地共有的制度在北歐洲曾通行一時，後來只有俄國保留此制。這種制度現在在俄國或因農業進步，便不適宜，和他以前在別國一樣，關於這一點尚是一個疑問；但無論他是否因這種緣故，而以私有土地制去代替共有土地制這樁事，在農業仍然極盛的俄羅斯國中，要算是社會上一種極大的變遷，這種變遷的效果，現在漸次發現出來了，留心考察這樁事體，是極饒趣味的。

一千九百另九年，亞澈夫案件(The Azev case)的大祕密洩漏出來了。亞澈夫假裝爲革命黨人中一個首領，在實際上他是一個煽動的間牒，他「得了警察當局的默許，在以前的八年之中，俄國所起的暴動和暗殺事件，多由他一手籌畫，因爲要是這樣，才可以逮捕革命黨的重要首領，才可以使推行復古的政策有所藉口。……　暗殺不列夫和塞齊司大公（The Grand Duke Sergius）的計畫後來證明是出於亞截夫之手，而警察當局曾參預其間，所以一班警察沒有及時阻止這等暗殺之事」。（見一千九百零九年的週年紀錄中第三百二十頁。）

到了是年五月，前任警察總監洛撲金（Lopukhin）罰作苦工五年，因爲他「和一個匪黨交通」，就是，因爲他參預革命的暴動。　到了十二月，聖彼得堡祕密警察總監卡頗夫大佐（Col. Karpoff）被炸身死，後來也證明了投炸彈的人是警察當局派遣的。

這種可怕的祕密事件洩露出來，足以證明依專制政治去管理一個大國要想安然無事過下去，簡直是毫無希望的。　自前世紀以來，世界業已有了很大的進步，各國政府如果極端疎忽歷史上的教訓，一定會曹失敗。　英國幾百年以來的歷史已經證明，立憲的君主政體，比較別種政體要穩固得多啦而專制主義時常有不穩的現象跟着出現。　俄國專制政體對於歷史上的教訓眞正是感覺遲鈍不能引以爲戒，我們可以說他這種遲鈍是由於心智薄弱的緣故。

當一千九百十年的上半期，國會通過一種議決案要求政府將行政的放逐(Administratine exile)處分取消，這樁事體足以證明就是俄國復古派的代表機關，也抱一種要求自由的熱望。

這一年可記的大事就是十一月二日托爾斯泰(Tolstoy)的去世。我們要想在此處用一種適當的篇幅去專論這個奇絕的人物是做不到的。托爾斯泰具有一種絕大的文學上的才能，和一種迥異常人的性格，他這種特點狠足以引起全世界的注意，然他的主義却是由中古式和近代式二者奇奇怪怪相合而成的，並且在他一生中，他的主義差不多是十年一變。他對於政府的殘暴行爲時常抗議，這樁事對於俄國是一種極大的功業，因爲在俄羅斯全國中，只有他享有世界的盛名；只有他具有一種勢力，俄皇的臣僕不敢和他開戰。只有他一個人可以說他所要說的話，也只有他一個人可以做他所願做的事，沒有一個人能夠干涉他。但是他的思想却爲他的環境所限制，而許多年以來，他的著作對於英國與別處社會主義的運動，予以一種有效的打擊。凡社會主義家採納了他的學說，對於參加政治上的行動，立卽停止，只一味埋怨社會的現狀不良，不去動手做一點事業，加以改良。

到了一千九百十一年又起了一種憲法上的危機，因爲國會通過一種規定波蘭選舉權的法律案，而爲帝國會議（The Council of the Empire）所拒絕。俄國政府據憲法中緊急之際一條爲基礎，以俄皇的命令宣布這種法律案爲法律，於是國會以二百零二票對八十二票彈劾司托里濱（M. Stolypin）。到了九月，司托里濱在肯夫(Kief)一個戲園中，被刺身死，行刺的人和亞截夫一樣都是警察當局所派遣的。

至一千九百十二年選舉第四次國會的時候，社會民主黨占十四名；仍是和上屆在國會中所占的名額相等，工黨占十名，比較上次少去四名。其餘各黨派地位，沒有什麼多大的變更，但是保守黨（The Right）在國會中雖占大多數，然他們却表示一個代表機關是要擴充他自己的勢力，抵抗專制的行政機關。

凡各國社會黨所共同爭持的事件在俄羅斯國中尤愈加利害。社會黨人在俄國所努力奮鬥，要達目的的事件，是政治上的基本權利，在法律面前的身體自由及平等；言論自由，和出版自由等等。　他們在這種大爭鬥之中，是煽動者，是首領，是以身殉道者，然他們却不是爲社會主義——經濟上的自由——而戰爭，還是爲政治上的自由而戰爭的。　這種情形也不是俄國所特有的。　英國社會黨人對于婦女選舉權問題現在極爲注意；比利時人對於選舉權正在爭持「一人一票」；德意志人紛紛反對軍費和保護貿易主義；丹麥人（Danes）要求改良選舉制度；美國人要求對于制定法律或修正憲法舉行複决制（Referendum）對于民選官吏的去留，舉行共同投票（Recall）老實說，社會主義者現在在全世界中，與其說他們是爭民主主義的社會主義，不如說他們還是爭社會的民主主義。　不幸俄國一般社會主義家在最初幾次國會中沒有十分認淸這一點。　倘若他們對於立憲民主黨（The Cadets）予以實力的援助，他們或可以多占一點勢力。　不幸沒有得人心的大首領出現？能夠得到各種改革團體的援助，並且能夠得到各種民族的援助——波蘭人，列特人（Letts）芬蘭人（Finus），喬濟亞人（Georgians），等都是構成俄羅斯帝國和他的代表機關的分子。

俄羅斯的學生是一種懷有理想的靑年，是眞正愛國的人，也是眞正愛自由的人，他們在革命運動之中所受的損失，已經是不可勝數。　據說自俄國農民叛亂以後，當慘殺和放逐犯人之際，五年之間，被殺死者有二萬一千一百八十三人，受傷者有三萬一千一百一十七人。在巴爾梯克各省中，至一千九百零六年二月一日止，共記十四個月內，被絞死者有十八人，被槍斃者有六百二十一人，戰死者有三百二十八人。　從一千九百另六年起到一千九百十年止，共計不過五年，因犯政治上的罪過而宣告死刑的案件有三千七百二十五起，實行被殺者有三千七百四十一人：而在同一時期之中，還有一萬九千一百四十五人因犯政治上的過失而別分處刑。　這眞是受苦難者一種可怕的鐘聲，俄國最高尚和最優秀的愛國者遭了這種慘殺，他們所爭的不過是一種有限制的立憲政體，然幾年之後，這種政體便實現出來了。　英國的西門(Simon de Montford)布利恩(Prynme)，和漢伯發(Hampden)，這一流人物所受的殘酷處分，和俄國近世的殘酷處分相比較，要算是狠輕的，狠有幸的，然他們替他們國人所成就的事業，比較俄國一般革命家以絕大的犧牲所成就事業，却要大得多啦。

第十一章　無政府主義和工團主義 (Anarchism and Syndicali-

sm)

無政府主義起源於蒲魯東；但是這種學說所以充分發達，大概是由於俄羅斯的一般思想家。當這種主義發達到一種最特別的時期，他的有力的宣傳者就是巴枯甯。巴枯甯於一千八百十四年出生於推爾地方政府(the Government of Twer)治下的托學克(Torshok)，他的家世屬於俄國品級最高的貴族。他於年歲相當的時候，投入軍界當砲隊軍官，這種砲隊是軍隊中一種精選的隊伍。當巴氏駐紮波蘭的時候，他親自看見在俄國專制管理之下所生的種種恐怖之事，這心中便有了一種痛苦的印象，因此他就辭去他的職務；從事於學術的研究。到了一千八百四十七年，他出遊巴黎，遇見蒲魯東，他的思想受了蒲氏極大的影響。

一千八百四十八年的革命運動是巴枯甯從事於公衆活動的第一次機會。他對於一千八百四十九年在諸列司登所起的叛亂，尤特別有關係。但是各國復古派的政府，和他們的警察，對於一般失敗的熱心革命家所用的手段，非常利害。巴枯甯對於許多革命家所身受的痛苦，也領略的不少。 他在他所做的馬志尼論中，告訴我們，說他被監禁於薩克遜，奥大利，和俄羅斯的各礮台中，差不多有八年之久，後來才定一種終身流刑，流於西伯利亞。幸而西伯利亞總督莫拉衛夫(Mnravieff) 是他的親戚，允許他以極大的自由。 他被拘留四年之後，設計逃脫，經過極大的困難，才抵加利佛尼亞 (California)，到了一千八百六十年，他又從此處前往倫敦。

歐洲自一千八百四十八年革命以後，便入於復古時代，巴枯甯當這種悽慘的時期，正在牢獄和放逐之中討生活。 當他回到倫敦的時候，他覺得這種進步的運動，又開始活動。此時正當俄國亞歷山大二世卽位之後，他自己的國中很有進步的希望。 他在可羅科爾報（The Kolokol) 中，幫助黑岑(Herzen)喚醒他的國人，要他們準備做新時代的人民；但是巴氏因其有一種急躁的性情，所以他對於他的朋友所採納的比較溫和的計畫，不能夠滿意。他以後半生大概住在瑞士，竭力主張國際的無政府主義。 到了一千八百六十九年他創設一個社會民主同盟會 (The Sorial Democratio Alliance)，然在同年之中，這個會就解散了，會員都附入國際工人協會。 自從法蘭西第二帝國傾覆之後，他便於一千八百七十年九月在里昂起事，但是沒有什麼成功。 他在國際工人協會的海牙議會中，為馬克思派投票所敗，遂被逐出會。 他後來的活動，因體弱多病，遂生一種阻力。 他於一千八百七十六年死於柏恩(Bern)。

巴枯甯有一種著作名為上帝和國家(God and the State)，他的朋友卡費洛(Cafiero)和烈可侶(Elisee Reclus)會替他做一篇序子；我們在這種序子裏面可以看見這個煽動家的品格中，幾種有趣味的特點。 他們在序子中說，「凡巴枯甯的朋友和仇敵都知道他的思想力是很偉大的，他的意志是很堅強的，他的精力是很能夠持久不敝的；他們也知道他對於財富，品位，榮寵，和大多數卑鄙齷齪的人所爭求之各種可憐的賞品，都鄙棄不顧。 他本出於俄國品級最高的貴族，然他却是一班貴族中首先加入一個意氣自豪的革命黨之人，他們這些貴族都有了覺悟，遂捨棄歷來相傳的習慣，成見，和種族及階級的利益——總之他們不顧他們自已的快樂。 巴氏和他們大家努力奮鬥，艱苦備至，又加以身受監禁，放逐，別的危險，和痛苦等事，然這些事體都是一般熱心於一種主義的人，在他們煩惱的身世之中所應當受的」。

於是他們繼續又說，「巴枯甯在俄羅斯的學生中，在德國諸列司登的叛徒中，在西伯利亞一班被放逐的同胞中，在美國，英國，法國，瑞士，和意大利善良的人民中，都有極大的和直接的感化力。他那種獨出心裁的理想，流利雄壯的口才，和歷久不變的熱忱，又輔以一種自然莊嚴的態度，和活潑無比的生氣，遂使他在各種革命的社會黨人中，極受歡迎；有許多人對於他的活動起初非常歡迎，後來因宗旨和方法各不相同，遂又棄之不顧，就是在這些人中間，他的活動所遺留的印象也非常之深」。他巴氏和革命黨通信的稿件非常之多，他常因此等通信，終夜不睡，他的活動也大概是在此處表現出來的。他所有曾經出版的著作，不過是他的著作中一最小的部分。他的極重要的論文上帝和國家不過是一碎片罷了。他曾向批評他的著作的人說，「我的生命自身也不過是一碎片」。世間沒有一種東西所含的破壞性，比巴枯甯的無政府主義所含的破壞性還更加清晰，顯明，和偉大。　他的無政府主義是一種基於唯物論之革命的「社會主義」；他這種主義的目的是在應用各種有效的方法去破壞那種外界的權力。　他對於從上帝觀念以下所生出來的各種理想制度，無論用什麼名稱，成什麼形狀，都一概不承認；他對於外界的權力，無論是具一種什麼形態，無論是出於君主的意思，或出於普通選擧的意思，也一概不承認。　他在他所著的上帝和國國一書中曾說，「人類的自由就基於他服從自然的公例，這是因他自己已經承認了這些公例是如此的，並不是因爲有什麼人或神集合的或單獨的意思從外面來，將這些公例加諸他的身上」。　自由的全部問題將於此解決：就是，應用科學的法則，將自然的公例徵實出來，然後將這種知識遍佈于人民之中。　自然的公例既是這樣爲各人所承認，他便不能不服從這些公例，因爲這也是他自己性情中所具有的；而同時政治上的組織，管理，和立法都非必要的，即刻就會消滅。

巴枯甯又不准有享特權的位置和階級的存在，他說，「特權和享有特權位置的特性，就是將人類的智慧和良心都堙滅了。　凡享有特權的人，無論他所享的特權屬於政治方面的，或是屬於經濟方面的，他總是一個喪失智慧和良心的人」。「總而言之，我們對於享有特權的，特許的，屬於官吏的，或是合例的，各種立法，各種權力，各種勢力，一概反對，卽使這種東西是由普通選舉而生出來的，我們也一概反對，因爲我們相信他時常利於那些統治和掠奪的少數人，而傷害陷於苦境的大多數人的利益。」

以下的節錄是由巴枯甯所創設的國際社會民主同盟會的會綱中抄出來的；我們看了這種東西，可以完全知道這位非凡的煽動家的意見。這個同盟會宣布自己是主張無神論的；他要將各種宗教，通通取消；他要以科學去代替宗教上的信條，以人的正義去代替神的正義；他要剷除婚姻制度因爲這是一種政治的，宗教的，法律的，和有產階級的制度。同盟會要求最力的事體是將階級制度完全剷除，所有各私人，不論男女，在政治上，經濟上，和社會上，都一律平等，將財產相續權一概取消，庶幾在將來的時候，各人可於工作的生產物中，取得相等的分子：所有土地，工作的工具，和別種資本，都變爲社會全體的公共財產，這種東西只有工人才可以使用——就是，只有耕種者和製造者的聯合會才可以使用這種東西。

這個同盟會希望由各國工人構成一種普遍的和國際的結合，作爲社會問題最終的解決，他對於基於什麼愛國主義和國家嫉妒的政策，非常鄙棄。　他要求所有各地方的聯合會當依照自由的原則，構成一種普遍的同盟團體。

巴枯甯實現他的革命計畫的方法，和他所抱的主義是相符合的。　凡政治上和社會上的制度如果有妨礙他對於將來記畫的實現，他就要即刻掃除這種制度。　革命的精神在革命問答(The Revolutionary Catechism)一書中，眞算是登峯造極了，有人說這部書是巴枯甯著的，但是書中含有許多極激烈的議論，和他那些爲大家所共知的著作是互相矛盾的。　然革命問答至少也是巴枯甯派的產物，所以這部書頗有注目的價值。　世間革命的精神在這部書中，已經達於極點；不能夠再向前進。　書中稱贊革命家是一個最神聖的人物，他不以私人的利益或感情去拋棄他的使命，他也不因宗教，愛國心，或道德的緣故去拋棄他的使命；至於他這種使命的目的，就是應用各種有效的方法，去破壞現社會的組織。　革命家的事業是一種毫不寬貸的，和普遍的破壞事業。將來的社會組織自然是從人民的運動和生活中發生出來的，但這是將來的人民所當關心的。然同時我們從巴枯甯所屬望之將來的建設看起來，就是各種自由聯合會的自由同盟團體——這種聯合會的體制，確和我們所看見的俄國地方團體是一樣的。

巴枯甯在歐洲南部社會主義的運動中，占極大的勢力。一千八百七十三年在西班牙所起的重要的變亂，是由於他的活動。在意大利以後的革命運動中，他的勢力將馬志尼的勢力壓倒了，因爲在意大利和在別處地方一樣，在一班先覺者的心中，純粹政治的上的利益常居於社會上的利益之下。

巴枯甯的主義近來在法國和用法語的瑞士的民族社會史上，也留了一種痕跡。當一千八百七十九年的時候，無政府主義者在里昂和里昂附近的各工業中心點竭力活動。到了一千八百十二年，一班礦工在蒙索（Montcean-Les-Mines）礦場騷動，遂引起警察和政府的注意，此事的結果，有六十六個人被控，他們的罪名是因他們屬於一個無政府主義的國際聯合會。在這些被控的人中一個最著名的人物是克魯泡特金親王（Prince Kropotkin），他和法國有名的地理學家烈可侶，及俄國拉甫諾夫三人可以視爲近來無政府主義最著名的代表者。

在最近的歐洲革命史中，沒有一個人物比克魯泡特金親王更饒趣味。　他和巴枯甯一樣，都是出於俄國最高的貴族；據他親信的朋友說，他的家族對於承襲俄國皇位，比較現在這一朝，名義還要正大。　他是一個名震全歐的科學家，他的性情既仁慈，他的態度又謙恭，然他却極端擁護現今仍然存在的那種最富於破壞力的信條；這一樁事似乎是很奇怪的。　一千八百八十三年，他在里昂受審判，當他替己自辯護的時候，他曾將他生平幾樁重要的事實說明出來了，這幾樁事實可以使大家明白他成爲無政府黨人的緣故。

克魯泡特金的父親蓄養許多田奴，他從小時候起，便親自看見許多活劇，這種活劇和美國一位小說家（譯者按這位小說家就是司托夫人(Mns. Harriet Beecher Stowe)。）所著的托姆的小屋(Uncle Tom's Cabin)一書裏面所描寫的事實是相同的。　他看見被壓迫的階級受種種虐待，他便非常愛惜他們。　他到了十六歲，入皇宮裏面所設的侍從學校(The school of Pages)讀書；他在茅舍小屋裏面既知道愛惜一般人民，他在朝廷之中便發生一種痛恨大人物的心理。　他在軍隊中和行政機關中看見種種腐敗的現象，他知道大家希望俄國復古派的政府所舉行的改革事業決不能見諸實行的。以後有許多時候，他專門研究科學。當社會運動發軔之時，他便加入其中。俄國維新派向政府要求予以更大的自由，他們所得的答覆非常簡單：就是他們都被捕入獄，他們在牢獄中所受的待遇是很苛刻的。在克魯泡特金所住的牢中，有九個人失了知覺，還有十一個人自殺。克氏自己也得了重病，轉入醫院中療治，他後來便從醫院中逃走了。他在瑞士被難，親見一般人民因時表製造業所發生的危機，都感受痛苦；因爲社會上和政治上的罪惡是相同的，所以無論在什麽地方，痛苦的情形也是相同的。他要用改進社會的方法救正這些罪惡，大家對於這椿事還能夠發生一種驚訝之心麽？

我們在前一節所說及的一千八百八十三年在里昂審問無政府主義者的紀錄，是一種極重要的歷史上的文件。凡願意了解無政府主義家運動的原因，動機，和目的的人，都應當將這種紀錄，詳細研究一番。當審判之時，那被控的人都簽名於一種意見宣言書(a declaration of opinion上。以下的紀錄就是這種宣言書的要領，這種東西對於表明無政主義者的地位是很有用處的。凡他們所要求的事體是人類慾望的絕對自由，和完全滿足，除掉事物的性質是不可能的，和這種慾望也是他們的鄰人一樣不可少的這兩點以外，再沒有別的限制。他們對於各種權力和各種政府，一概反對，他們主張在人類各種關係中，都應當以自由契約去代替法律上和行政上的拘束，而這種契約並且是可以隨時修改的，也是可以隨時取消的。但是在一個社會之中，如果資本是爲有減無加的少數人所壟斷，自由是不能夠實現的；他們以爲資本既是古代和現代人類通力合作的產物，他便是人類公共的遺傳物。他便當由大家共同處置，沒有一個人不應當取得資本，也沒有一個人應當據有資本的一部分去傷害別人。總之，他們要以事實上的平等作爲自由的原始狀況。　對於各人所要求的東西是他所能夠做得到的；給予各人的東西是他所必需的。　他們要求大家當得到麵包，大家當研究科學，大家當從事工作；他們並且要求大家當享有獨立之權，大家當得到公平的待遇。

他們這些被控的人中有一個人說，就是由普通選舉而成的政府，也不能夠給他們一種活動之餘地，使他們得達到他們拯救一般貧民的目的，例如在法國八百萬選舉人中不過五十萬人處於自由投票的地位。 世間事情既是這樣的，而無產階級的困苦和墮落又繼續不止，他們看見這種情狀，所以他們宣告作亂是一種正當的和神聖的權利。

然審判中最顯著的特點或者還是古諦爾(Emile Gau ier)在控告審判廳所親述的辯護詞。代表國家的原告說古諦爾是一個誤入迷途，聰明人，他受過多次考試，成績很好，他是一個得有法律上執照的人，他是一個有能力的演說家；然他在法國可以認爲一個宣傳無政府主義理想的人。 古氏的年紀此時還只二十九歲。 他在辯護之中，懷了一肚子憤氣，侃侃而談；說他本是一個法官的兒子，他在法庭中看見一個資本主義的社會中一般負債者，破產者，和別的陷溺者，每日所受的痛苦，非常慘酷，所以他便激而出於革命和無政府主義這一途。有人說福祿特爾每當聖巴托洛苗(St. Bartholomew) 被殺的週年祭日，便發生一種激昂慷慨的狂熱，而古諦爾遠在不律特列 (Brittany)，當時日向前推移，逢到那些可恨的應付賬項和租金的日期，他便心中懷恨，憤怒到極處了。

無政府主義的主要原則是以簡單見稱於世，將這些原則總括攏來，就是，他不承認所有外界的權力，和各種私有的土地及資本。凡人類相互的關係將以自由行動和自由同意爲標準。各種工業的或別種目的自由聯合會將共同組織攏來，而這些聯合會又以同一的自由爲標準，彼此聯成同盟的關係，或別的關係。總之，社會改造所取的進程就在乎各種自由聯合會的自由同盟團體。

無政府主義所以出現，一半是由於民族的性情，一半是由於民族的環境：他和社會主義共同要求一種經濟的發展，他和社會主義同具有一種革命的精神，當十九世紀的時候，這種革命精神是新運動中一種主要的要素，但是當社會主義開始努力於建設一方面，無論他是提議建設將來的國家所需的計畫，或是提議現在在立法中所取的步驟，無政府主義便和他分道揚鑣。以前無政府主義和社會這兩種東西，在許多首領如摩里斯(William Morris)等，和一班黨員的心目中，界限尚不十分分明。因爲社會主義既是竭全力對於當時政治上和智力上的勢力作一種抗議，所以無政主義者和社會主乂者便是從事於同一的戰爭，並且時常共同行動，和同盟團體一樣。但是當這種時期一經過去，他們兩方對峙的形勢就分明出來了，而攜手進行之事也不可能了。

無政府主義是一種環境的結果，他是基於兩種假定之說（assumptions）：一，各種政府都是一種罪惡，二，工業無須大規模的組織可以單獨推行。　在一個國家裏面，如果一班最有思想的人民都把政府看做一個仇敵，而國內工業又大半在那些小規模的單獨生產者的手中，那麽，無政府主義一定是盛行的。　俄國政府一直到近來仍然推行一種完全的專制政治，絲毫沒有經過任何種形式的民主主義之鍛鍊。　這種專制政治是一種超出人民以外的勢力；他從上面壓在人民的身上，不獨要鉗制他們的社會生活，並且要鉗制他們的思想和宗教。凡具有獨立性質的人，對於這種政府，自然會持一種反對的意見；因此俄國許多最大的思想家，如托爾斯泰和克魯泡特金那些著名的人物，都依據他們自己的經驗立論，因爲他們所習見的政府是壞的，所以他們便以爲各種政府都是壞的。　如果一國政府頗得民心，如果一國人民承認政府是他們自己因特別的目的而組織的，那麽，無政府主義在這種國家裏面便沒有立脚之地。　所以在澳洲（Australasia）簡直是沒有人知道無政府主義，就是在美國和英國，除掉那些屬於無政府主義的外國人以外，沒有多少人相信無政府主義；然他在歐洲東南部却是很占勢力的，因爲在這些地方，順從民意的政府，最近才漸次出現，並且這種政府也是有名無實的。

環境的第二種要素就是當時流行的工業組織。凡一般工人如果習慣於大工廠，機器廠，鑛山，鐵路，或大洋郵船的複雜組織的，無政府主義對於他們便不能發生什麼影響。摩里斯所著的理想國的消息(News From Nowhere)一書，是他的有力的無政府主義之快樂的烏託邦，他在這部書中却要將英國變成一種製乾草者的國家(A Nation of haymakers)，因爲簡單的和小規模的農業，差不多是在無政府主義之下所能夠想像的唯一的實業。托爾斯泰所住的鄉村中盡是一班小農民，這種鄉村受「密爾」的支配，所有村中土地都是公有的，每經過幾年又重行分配一次，所以托氏所習聞地方的事實就是財產是基於實用的，工業的組織是由小財主的自由團體合辦的，而中央政府除掉徵稅和徵兵以外，便不能在此處更有所爲。歐洲南部的工業情形和上面所說的工業有幾分相同，所以無政府主義便在此處得了一種適宜的沃土，得以繁殖起來。　但是要製造無政府主義家，環境雖是很重要的，然性情也是一種重大的要素。　凡極端的無政府主義者生下來就是這樣的，並不是什麽環境造成的。凡特性最强的人無論怎境挫折還是要一意孤行，這種人容易爲高尙的理想和抽象的原則所動，但是他不耐訓練，鄙棄小利；如果他要是變成一個社會革命家，他一定會向無政府主義一途進行。　拉丁民族(The Latins)和南斯拉夫民族(The Southern Slavs)的性質近於這一類，所以在這種民族中無政府主義，便奪了社會主義的位置而獨自繁殖，然無政府主義也出現於一小部分條頓民族的國家(Tentonic nations)中，德意志雖缺乏一種眞正的民主主義，而無政府主義却特別流行。

無政府主義是一種消極的信條。　他所持的原則是要將政府和法律剷除，就是一切財產權除掉使用權以外，也要取消。　在俄羅斯國中，那種重要的生產工具，土地，是定期重行分配於能夠使用土地的各農家的，所有土地除掉能夠耕種的人得以使用外，他們的「密爾」概不承認私人據有土地的權利，一班無政府主義者以爲土地既是公有的，遂糊裏糊塗想把各種資本都作爲公共財產，而使每個自由人得隨意使用這種財產去謀他自己的日食。

這種工業組織的方法不能夠見諸實行，他的理由也無說明之必要，那些無政府主義家想出這種大規模的工業，究竟怎樣推行，他們從來沒有說及過。

在普通人心中，無政府主義是和暗殺及暴行有密切關係的，而他對於炸彈的關係尤甚。從實際上說起來，這種關係雖是實在的，然大概也是偶然的。

有許多無政府主義者——內中最著名的人物是托爾斯泰——時常主張一種無抵抗政策，這是和上面所說的事實相反的。有許多橫暴行爲普通都指爲無政府主義者所爲的，其實這都是那些犯人和墮落的人所爲的，而在俄羅斯國中大概是那些政治上的謀反者所演出來的，他們所以採用這種方法，不是因實行無政府主義，不過是要得到政治上的自由罷了。

然這種人對於拘束一層，既非常痛恨，對於身體自由，既非常重視，對於反對當權者既視爲一種道德，那麼，他們對於毀害和殲滅現在的政府一事，一定是認爲合法的和有益的；在人民仇視政府的國家裏面，暴動之事大概是發難於一般被激怒的放逐之徒，如果在別種國家中這樣的行動便毫無可原了。

無政府主義之社會的理想必定是每個思想家的理想。法律是因惡人而設的。我們近世工業上的法典不過是一種方法，使社會中不聰明和不仁慈的人得以上升，與其餘的人立於同一的水平線上。在世界上財富如果非常豐足，各人可以隨意使用，又可以依照他自已的能力和嗜好去選擇他的職業，這種世界無論什麼人都應當歡迎。我們現在是向這種理想與國家進行。但是進行的方法是將法律的範圍擴充，不是即刻將他取消，要想財富非常豐足，普通一般人的性質改善，無論什麼人都不須强迫，願意做他所能做的工作，而工作的報酬，又足以維持社會中標準生活的幸福，要想這幾種事情的實現，還要經過一種狠長久的時期。

那些自稱爲共產主義的無政府黨人，在英國自一千八百八十二年以後幾年之間所起的社會主義運動中，要算是占一種勢力。克魯泡特金親王對於他們的運動予以一種知識上的榮譽，而以前一大羣社會主義者從來沒有採納過他們的信條，現在對於他們的理想極表同意。

他們發行一種報名爲自由(Freedom)，到了後來他們攻擊社義主義者同盟會(The Socialist League)遂使摩里斯當這種機關崩潰之先，便預將這種同盟會捨棄了。但是在英國和各處地方，無政府主義運動已漸次衰歇，當二十世紀起初十年中他簡直是無聲無嗅了。在實際上又有一種新運動發生，他所吸收的人民也是要和信無政府主義的人具有同一性質的。這種運動將許多舊觀念和幾種新觀念給合攏來，名爲工團主義，他在歐洲全土很引起大多數人的注意。

工團主義

無政府主義除掉見過俄國鄉村團體的社會組織以外，再沒有看見過別種更複雜的新組織，這是我們己經指明過的。三十年以前，工聯主義(Trade Unionism)除了大英國以外，幾乎沒有人承認他，而歐洲大陸的工人對於英國工聯的會員也不把他們當作社會發展中一種有望的階級。自從那個時候以後，工界自由組織的聯合會如工聯和協作社會等，在德，法，比，意和別的國家中，發達非常之快。一般工人都知道組織這種會可以達到某幾種目的，可以管理巨額的資本，並且還可以經營大商業。一班歷史家告訴他們，當中古時代，同業的商人共同組織商社（Gilds），凡他們自己的事件，這種商社有處理的全權，社中的章程爲各種法庭所引用，這種商社並且直接加入於地方政府。 現在由此過渡入於工團主義是顯然無疑的。 無政府主義要求剷除國家，因爲國家無論在什麽地方，都是由各階級管理的：他要求以據有生產工具的工人組織自由團體去替代國家，他想要找出一種管理大規模工業的自由組織，但是沒有達到目的。 而工聯却可以應他的要求。

現在的國家組織是以地方爲單位的：凡選舉的人是依他的住所而區分的。 工團主義的國家組織，大概是以職業爲單位的；凡職業相同的，比較僅僅住所相接近的，他的維繫的力量要更加眞實，這種爭議不能說是沒有理由。 凡舊式的國家必定是由各種階級管理的，因爲這種國家面積太大，權力太集中，組織太複雜，不是工人所能夠了解的；但是每個工人只要關心於自己的事務，各種階級就將沒有用處了。

現在大家都承認舊式强暴的革命是一樁過去的事實。 科學在戰爭中很著成效，凡非專精武事的人要想作亂，便毫無成功的希望。 自從一千八百七十一年巴黎地方自治團起事以來，許多人都奢談社會革命，幸而他們只作一種空談，沒有什麽舉動。 但是革命家也有了一種已經造成的武器就是總同盟罷工。　如果一太羣人民不肯作工，那麼，在世界上便沒有一種勢力能夠强迫他們去作工。　科學一經應用於軍事的目的上，便使革命成爲不可能的事，但是科學現在也應用於社會的生活上，而近世城市中各種大機器稍爲停頓就會發生一種禍出來。　工聯是維持一種同盟罷工的機關，這樁事在法國尤特別顯著。　有人證明總同盟罷工只要延長到一個星期，各種事業之現有的規模就會被破壞，然工聯既可以命令工人同盟罷工，只有他才可以停止這種罷工風潮，他並且能夠有利於工人的條件，出來講和。

這種意見無是否妥當，然他比較無政府主義所貢獻出來的意見却要好得多。

工團主義的起源(The Origin of Syndicalism)

法國有一種很長的時期，因爲沒有黨派衝突，反受害不淺。　在通行英語的國家中，總有兩個或三個抱有一定宗旨的黨派，輪流秉政；法國的情形便不是這樣的，自一千八百七十七年馬克馬韓(Macmahon)顛覆以後，每次內閣總是屬於共和黨人中的某一派，而爲一種組織散漫的同盟團體所擁護，這種團體時常因一點小小的爭端便至於破裂，然不久在一個新首領之下，他們又聯合攏來了。所以國家政策常變爲個人攘奪利益的器具，並且大家都相信在法國各黨中賄賂盛行，這種事實在精神薄弱的黨派中是常有之事。自社會主義的黨派出現以後，這種事實仍然沒有什麽改變。一般在國會中的社會黨人明白決定他們的職務，是參預國家的政治事業，然在實際上，他們却結成一種團體，有時和政府黨聯合，擁護政府有時又贊助反對黨抵抗政府。並且有幾個社會主義的首領，如密列蘭（Millerand）布良（Briand）和威衛尼（Vivioni）在共和黨內閣供職，因此，他們的舊同志都反對他們，還有許多人把他們當做奸細，非當痛恨他們。

法國的地方政府，權力非常之大：政府所徵收的賦稅很重，而在城市上的糧食稅尤特別加重。在法國所起的革命常和「地方分權主義」（Communism）有關係，這個名詞可以釋爲「區域狹小的自治權」(Parochial autonomy)或釋爲地方自治，這是和中央政府的治理權相反對的。

法國人根據這種情形又發生三種觀念，一，工人階級在政治上得不到救助；二，國會是一羣自謀私利的空談家，他們只要有官做或有賄得，他們就會犧牲他們向來的主義；三，中央政府是一個仇敵。

大家應當記憶，「工團主義」一語在法文中和英國的工聯主義一語相當，而近世的工團主義不過是將工界所習聞的舊觀念加以擴充罷了，他們的舊觀念就是社會進步的路綫是在乎工聯，不在乎政治方面。　這些工團主義者可以說是英國「舊式的」工聯主義者之聰慧的苗裔。工團主義雖起於法國，然工聯却為法政府所猜忌，一直到一千八百八十四年這種團體才被政府認為合法的機關。　到了一千八百八十六年法國工人共開一種總會議，由各工種團（即工聯）合攏來組織一種全國工團聯合會，但是這種聯合會，為社會主義者蓋司德派（The Guesdist Party）所攻擊，並且毫無勢力。

同時又有一派人組織一個工界全國聯合會。　法國各城市的地方工會(Bou ses du travail）兼行英國勞動公所（Labour Exchange）職工議會（Trades Council），和工人俱樂部（Workmen's Club）所行的職務，這種工會並且受各市區的津貼費。　第一次工會是一千八百八十七年在巴黎開會的，到了一千八百九十二年各工會的聯合也組織好了。 至一千八百九十三年聯合會開會，大家通過採納總同盟罷工的原則。

有許多努力要將這兩種聯合會聯結攏來，但是當時沒有效果。 工聯主義現在發達非常之快。 當一千八百八十四年法國工聯數目只有六十八個，到了一千八百九十四年便增至二千一百七十八個，而會員的數目當一千八百九十年的時候，共十三萬九千六百九十二人，至一千八百九十四年便增至四十萬另三千四百四十八。 當一千八百九十四年在南特(Nantes)所開的工聯會議有一千六百六十二個工聯的代表出席，大家議決採納總同盟罷工，而蓋司特派社會主義者便因此退出會外， 工團主義者聯合會在一千八百九十五年所開的會議中，議決採用一種新憲法和新名稱：他的名稱是勞動總會(The General Confederation of Libour)，普通稱為C. G. T. (La Confed'eration G'en'erale du Travail)。

C. G. T. 因為以前和各社會主義的團體發生關係，遂惹起多少煩惱，他要省去以後更長久的麻煩，便議決獨立於各政治黨派之外，他便以這種議決案做他的第一種法規。 他又將總同盟罷工加入他的黨綱裏面。　他可以看做工團主義成爲一種有組織的運動的發端。　他本是依社會主義之革命的理想而組成的；然他對於社會主義所依賴的政治上的方法，却又棄之不顧。

同時各工會的聯合會進步也非常之大。　這種工會的數目一千八百九十四年只有三十四個，到了一千九百另二年便增至九十六個，以後各公共團體捐助他們的貲財共有九千八百三十六金磅，　當一千八百九十四年的時候，白洛提爾（Fernand Pellovtier 1867-1901）當工會聯合會的祕書長。　白氏是一個共產主義的無政府黨人，他的能力非常卓絕，他可以算爲法國一個最善於組織工聯會的人。　工會聯合會在他的管理之下、會員增加的速度很快，而會中勢力的澎漲也很迅速。　這種會和C.G.T.合併的運動，到了一千九百另二年畢究達到目的，於是工會聯合會便成爲C.G.T.的一整部分。

C.G.T.以後的組織和前段所說的一千八百九十五年的組織相同的，以後幾年他的進步很緩。　他在每年常會中所討論的主要問題就是總同盟罷工，會員中雖有少數人極力反對總同盟罷工，然大多數人却很贊成這種計畫。　當一千八百九十七年C. G. T.開會的時候，有兩個無政府主義者提出同盟抵制(boycott)和怠工(sabotage)兩種議案，會中加以討論之後，議決如果同盟罷工沒有效力，便採用這兩種方法。　C. G. T.的全部入款不過七十八金磅，當時他要和英國同類的組織相比較，眞正不能夠算爲一個有勢力的團體。

現在大家都知道C. G. T.的性質是屬於工團主義的，然在當日却不盡然。　他以前也討論各種問題，如酒精毒(Alcoholism)，工廠監察人的選舉等事，按他的議事錄，他大概是主張和立法議會通力合作的。　但是當一千八百九十九年的時候，因社會主義首領密列蘭在瓦爾德廬梭(Waldeck-Rousseau)之下供職一事，遂引起會中激烈的爭辯，當他們在里昂開常會之時，全體一致議決凡工團主義者應當離開各政黨而獨立。　到了這個時期，一班無政府黨人漸次棄掉他們自己的宣傳主義的事業，而加入工團的主義者的中間，至一千九百另一年，C. G. T.在里昂開會，他的革命的性質便愈加顯著了。　到了一千九百另四年他有會員十五人，入款一千二百金磅。　當他在波池(Bourges)開會之時，內有一個改進派(The Reformist se tion)又開始爭鬥，但是一般革命派人（The Revolutionists）以八百十二票對三百六十一票將他們打敗了。　出席的代表共有四百五十八人，共代表一千一百七十八個獨立的投工聯一千一百七十八票。　那些改進派人要想採用一種「紙片」制度（The Card's system），允許投票的多少，以各工聯的會員全額爲比例，這種制度在英國工聯的會員中是常用的，然改進派人這種計畫也被否決了。　從事實上講起來，在C. G. T.中各大工聯投票時常爲那些小工聯所戰敗，這樁事可以說是一種不穩固的元素。

一千九百另六年，C. G. T.以五月一日爲勞動紀念日（Labour Day），舉行總同盟罷工，這一次共有二千五百八十五個工廠的工人參加總同盟罷工，他們的總數有二十萬二千五百零七人。　這一次同盟罷工的目的是要確定每天只做八點鐘的工作，但是有許多工聯只要求每天作工不得超過九點鐘或十點鐘。　這種風潮有許多地方經過幾個月之久。　據官場的報告，只有四十五個同盟罷工的人完全達到目的；大約有一萬人達到他們所要求的每天九點或十點鐘工作的目的；有五萬八千人稍微得了一點利益，有一十三萬四千人完全失敗了，　改進派人在同年所開的議會中和社會黨結合，再進行一種新計畫，這一黨是新近加入的，他在國會中有議員五十四人。這種計畫又爲七百二十四票對三十四票的多數票所打敗，於是C.G.T.又取一種反對國會的態度。到了一千九百十年，C.G.T.含有三千另一十二個工聯，共有會員三十五萬七千八百一十四人，但此外還有二千二百四十八個工聯，共有會員六十一萬九千五百三十六人，沒有和他聯成一氣；然後面這種團體要是在英國，便只能算爲友誼會(Friendly Societies)，不能看做工聯。

一千九百十年十月，不幸的鐵路罷工風潮發生出來了，這種罷工事前沒有相當的預備，並且發表這種罷工，眞正是各工聯的首領和多數會員所不願意的。這種同盟罷工除掉西北各鐵路以外，簡直是沒有得到一點幫助：於是政府派出許多軍隊彈壓，並且依據一種舊法律，宣布這種同盟罷工的違法。一個星期之內，這種風潮便平息了，而他的重要的結果，就是鐵路工人同盟會 (The Railwaymen's Unio) 失去了好幾千個會員。自從這一年以後，在各種工業中所起的大小同盟罷工不知道有多少次，這大概是由于C.G.T.中一班無政府主義煽動家的影響。　有許多工聯因此便受一種會員銳減的痛苦；而勞働運動也因此大爲沮喪。

一千九百一十三年的夏季，C.G.T.組織一個抗議團，反對政府增加軍役年限的新法律，這一團中多數活動最力的首領政府都加以煽亂的罪名將他們逮捕入獄。

到了現在，C.G.T.的精神顯然是經過一種變化。　他似乎是已經脫離一班無政府黨人的羈絆，開始盡力于怎樣組織工聯，怎樣增加他的會員，他的基金，和他的戰鬥實力這一類的問題。

C.G.T.當一千九百十二年在哈芬(Haure)開會的時候，議決將會中組織大加改良，所有以前的舊工會(The Old Bou ses du Travail)都用各區的聯工(Departmental Unions)去代替他(各種職工議會包括國內八十六區。)　至一千九百一十四年正月這些會不復爲C.G.T.的一部分。　C.G.T.現在的會員共有五十萬人。

工團主義的性質(The Nature of Syndicalism)

工團主義可以說是工聯主義和無政府主義的混合體。　他從工聯主義所得的觀念就是，一，工界的救援不在乎政治方面，而在乎自助和自己組織團體；二，要制勝資本家不在乎公衆所組織之政治性質的團體，而在乎工界所組織的之工業性質的團體；三，工人第一是一作工的人；如做鑛工，工程師，或製棉工人，第二才做一個國民。

工團主義從無政府主義所借來的或是承襲的東西，就是深信革命有道德上的價值。工團主義家說，同盟罷工無論是成功或是失敗，論他的本質總是好的。他特別有價值之處就在使一般工人習慣於共同活動的組織，這種組織在總同盟罷工中將達於極完善的地步，而總同盟罷工就是一種「革命」。

工團主義所抱的將來的國家觀也是從無政府主義得來的，而這種將來的國家觀在實際上就是一種共產主義。政府將被剷除，這是我們所知道的，就是以財產爲基礎的全部商業制度也是會廢棄的。公衆生活（完全是在工聯裏面——地方工聯的勞働公所擔負各種有益的職務：凡國家的職務都歸於工界各聯合會和勞働總會」。見泊都（Emile Pataud）和樸格（Emile Pouget）所著的工團主義和協作國家(Syndicalism and Co-operatiue Commonwealth）第一百一十三頁。這種團體所希望於各人的事體就是各盡所能，我們可以加一句，他所希望於各人的事體就是各人做事隨他的性之所近：而各人向公家所取得的東西就是他的必需的和他所願望的，這是將來經濟組織的基礎。 凡生活必需品——衣，食，住——都是自由取用的，而一般人民將合成一家，各人所需之物都非常豐足，各人可以取去他所應用的東西。 凡生產所用的機器也是公共物件，各人只能享有使用機器的權限，如像在一家裏，家中人沒有占據桌椅等物爲私有財產的權限，只有暫時享用這些物件的權限。 這種完全的共產制度，在工團主義之下，還將依據工聯所取得的支配各業工具的權限，隨時加以改正。

工團主義反抗使用權力一事，也是從無政府主義得來的。 沒有一個人應當發命令：也沒有一個人應當服從這種命令。 他們相信階級管理制度，和競爭財富這一類事實既經除去，人類將向一種極合理性的途徑逐漸發達。 凡一種政策都將得到大家一致的同意：凡各種事業都提交國民大會(Amass meeting)討論，這種會既無須會長，又無須會章，這種會所討論的事件，和在一個朋友會 (A qusker business meeting) 所討論的事件一樣，一直要達到大家能夠同意之點才止：他們希望凡國民大會所議決的事件在實際上將爲公衆所贊成，並且都甘心情願將這種議決案見諸實行。 在將來的國家中，沒有一個人享有發命令的權限，除掉那些故意反抗的人以外，大家對於無論什麼人，都不能使用强迫手段，這是顯而易見的事。

有人說工團主義是以下面所說的那種概念做基礎的：就是凡各項工業的所有權和管理權當歸之於從事這種工業的工人，而社會的組織當以職業爲基礎，而不以地方爲基礎。

這一說對於法國工團主義派無論如何實欠妥當。 泊都和樸格明明白白說過，「凡工聯或別的公共機關從管理和工作一方面看起來，雖是自治的，然他不能夠自成一種孤獨的生活，他不能夠享有特別的利益，他也不能夠和公衆分離。 倘若他有了這種情形，那麼，這就是特別的工聯享有各種集合性的特權和利益的萌芽，而這種工聯一定是犧牲資本主義的私人特權，供他自己的發展。 這種危險的東西一定是要免去的」。（見工團主義和協作國家第十頁。） 換一句話來說，他們的概念是一種以分配爲目的的共產主義；工聯是管理生產的，但是他不能夠將生產物據爲私產。

將來地方政府顯然是應在職工議會（Trades Council）的手中，而工聯議會就是中央政府，這種議會是定期開會的，據一般人的猜想，私有財產制既經剷除，政府要做的事體日趨於簡單，終至於無事可做，他就會消滅。

工團主義和無政府主義都極力反對軍國主義（Militarism）。這種反對似乎是由幾種要素相合而成的。工團主義的理想和國際間的横暴或別種武力都是極相反的。他所抱定的目的是一種世界般大的亞當花園（a world-wide Garden of Eden），這種目的和別種社會理想不同之點就是一般相信他的人，都以為在歐洲各民族中這樣的烏託邦是能夠即刻實現的，而為便利起見，別種民族是可以不管的。

當時在法蘭西和歐洲大陸各國中，那種強迫徵兵制度，對於工人階級是一種極嚴酷的身體上的負擔，他時常干涉個人的自由，而軍用品一項費耗各大國的資財眞是不少啦。還有一層，工人階級在戰爭之中，拚命打仗，都是為那些有產階級增進利益，而一般資本家想要製造軍用品增加他們公司的股利，遂百計唆聳政府增加軍用費，以上兩種事實，是確實的。

還有一層，軍隊可以看做一種保護財產的武力，凡遇了總同盟罷工，他便愈加出力來鎮壓這種風潮。　工團主義因爲有了這些理由，所以他無論何時，無論何地，總是反對軍國主義的；他動輒和軍法相衝突；因爲他的密使時常往來於軍界中宣傳他的主義；勸一班兵士當被召去鎮壓國內騷擾的時候，不要服從這種命令。

工團主義中一種最特別的原則——怠工——我們還沒有說及。　社會主義的階級戰爭觀已經被工團主義曲解了；這種階級戰爭觀原來是說明無產階級的利益必定是和資本階級的利益相反的，所以在這兩種階級之中必定有一種爭鬥出現。　從實際上講起來，如果資本主義已經充分發達了；上面所指的戰爭無論何時總不會停止。　工團主義者以爲這樣的情形是一種實實在在存在的戰爭，是一種消滅他人所承認的民法的戰爭。　有許多無政府黨人以爲暗殺政治上的首領是可行的事，因爲人民和那些治人階級是在戰爭狀態之中；於是一班工團主義家也以爲工人可以和資本家作一種工業上的戰爭，並且在某幾種情形之中，他們應當和資本家作一種工業上的戰爭；至於戰爭的方法就是將資本家的各種機器損壞；用巧妙的心思，產出劣貨，使他們的業務受極大的損失，收受他們所付的工錢，替他們做極少的工作。　當同盟罷工的時候，正是他們兩方在戰爭中實行接戰，這一類的戰略尤應當特別採用。　常有人說，在英國，凡工人所得的工貲如果是以時計算的，那麽，限制出貨的政策(Car Canny)就是各工聯的一種經常的規則。　據衞布夫婦兩人所著的工業的民主主義（Mr. and Mrs. Sidney Webb's Industrial Democracy）看起來，這種事實並不是眞的。　經濟學對於工人做了壞的工作，是有益於他自巳的，這種學說，並不贊成；同時一般雇主以爲工價低廉他們才可以獲利，經濟學對於這種流行狠廣的信條也是一樣反對的。

工團主義在我們所敍述的各種運動中有一點是與衆不同的。　他是一種純粹工界的產物。　前幾章所說的初期的社會主義是一班學者所思考出來的。　近世的社會主義是馬克思和拉塞爾用他們的心思才力所創造出來的：社會主義最近的變更始於衞布和他的費邊會的諸同事(Fabian Colleagues)。　無政府主義第一是由於一班煽動者和博學的哲學家闡明出來的。

反之，工團主義不是一個人的力量造成的，他是甲許多不著名的人之種種意見相合而成的，他的發生是出乎自然的。

然工團主義也有許多有學問的代表者，其中最著名的人是索列（Mr.Georges Sorel），他於一千八百四十七年出生於協博（Cherbourg），他在巴黎受了一種完善的教育，他做過二十五年工程師之後，便自已告退，當時並得到一個名譽獎章。 他對於聖經和特列佛案件（Dreyfus Case）著了許多書，又創辦一種社會主義的雜誌，名爲社會的形成(Deuenir Social)，但不久這種雜誌就停刊了。 到了一千八百九十八年他刊布一種小冊子，名爲工團社會主義的將來（L'aueuir scoialiste des Syndicats），這是工團主義一部分信條中第一種合理的註釋。這種東西特別攻擊那些智力派(The Intellectnals 就是國會中的社會黨)，因爲他們以一種慣於掠奪的政治爲生涯.，索氏曾說「社會主義的前途在乎自治的工聯之發達。

索列社會神話(The Social Myth) 的學說，對於他所抱的意見，可以作爲一種參攷，他這種東西顯然是一種學問上的產物，並不是一個工人或一個活動的政客腦子裏面所具的觀念。宗教對於普通一般人民是很好的，而强迫一個鄉紳到禮拜堂去，就是要他替一般鄉人做一個榜樣；這種觀念眞正是很舊的。　索氏以爲要引起一般人的熱忱當有一種轟轟烈烈的東西，作爲共同趨向的理想。　馬克思所說的大亂的革命在當時是很適用的：「革命的工團主義者以爲總同盟罷工就代表將來世界的出現」。　然自此以後，索列又不相信工團主義了，這也不是什麽料不到的事。　他後來相信當日很時派的哲學家柏格森(Bergson)的意見，遂將他在社會上的地位愈加鞏固了。　如果本能(Instinct)是居於理性(Reason)之上，那麽，此事的結論就是，要補救社會上的過失，在乎一種革命的無產階級大家興起，不在乎那種用科學方法審查過的法律徐徐發展。　但這種論調是雜誌論說中一種說法；不是民衆運動中一種要素。

工團主義是無政府主義和工聯主義相混合的產物；凡在這兩種主義共同存在的國家中，他也是跟着出現的，並且他在勢力上還勉强可以和他們相比較。　然無論在什麽地方，這兩種主義中若有一種沒有存在，如像在西班牙和俄羅斯國中，沒有工聯主義，在英國和澳洲沒有無政府主義；那麽，我們便看見工團主義也是不通行的，或是沒有人知道的。

除掉法蘭西之外，工團主義的黨徒最多的國家就是意大利，工團主義在意國多半是介乎協作運動(Co-operation)和無政府主義之間，所以他便有他自己的特性。 意國工團主義者於一千九百零六年在羅馬(Rome)所開的社會主義的會議中，以五千二百七十八票對二萬六千五百四十七票之少數票而失敗，自此以後，他們遂自成一個獨立黨。 意國的工人階級既沒有受過好教育，又極貧窮。 小規模的工聯在各城市和一般農民中間是很多的；農業中協作之事是很普通的；地方政府倘得民心，然地方政府的權力却非常之大。 還有一層，意國工人的協作社會和俄羅斯及紐西蘭(New Zealond)的協作社會一樣，常與政府各機關結締契約，承辦公家事務，並且已經築了一條鐵路出租。 一班工團主義者對於這種和平的活動或至於輕視，但是這種活動可以使人民心裏深知工人在某幾種職業中的直接組織。 反之，社會主義是特別偏於中等階級的，在他的黨員中，中等階級的人占百分之五十或六十，而他的政策是狠腐敗的。

工團主義在意大利已經產出兩個有學問的首領。 一個首領是拉不律阿拉(Arturo Labriola），他是納普爾（Napples）一個辯護士和大學教授，他對於工團主義的見解比較法國人對於這種主義的普通見解，要少帶幾分革命的彩色。　拉氏提議各業聯合的工人可以從資本家借用資本（生產工具），而以所得之利按照共產主義的原則分配。　到了後來，這些生產的工聯之聯合團體將具有一種實力可以拒絕支付利息，於是革命事業便完成了。　意國工團主義想要使從事於某種工業的工人得享那種工業的所有權和管理權。　還有一個首領是利昂（Enrico Leone），他著了一部教科書名工團主義（Il Sindacalismo），這部書已經譯成俄文和西班牙文，書中將工團主義和宇宙的發展及人類的歷史，互相連貫起來了。

在德意志國中，雖工聯中有一派反對社會主義運動中狠得勢的中央集權和國會的行動，然工團主義似乎不狠得勢。　他們這一派是稱為地方派，（Lokalisten），或稱為無政府社會主義派（Anaroho-Sozialisten），他們並且有兩種報紙，一名個性（Die Eigenheit），一名先驅（Der Pioneer）。

北美合衆國是一塊極合於工團主義生育的沃土，他的政治是著名地腐敗，政府是屬於平民的，但是受各階級的拘束，而一班政客常大隊投入政治界中，圖謀個人的私利。有組織的勞働界無論是在中央政府或是在地方政府裏面，一直到現在，還沒有得到一種適當的代表。

美國工團主義運動是由各種工聯而成立的，名爲世界工業工人會（The Industrial Workers of the World），普通稱爲I. W. W.。當這個會沒有成立之時，還有一個勞働黨（The Knights of Labour）先期出現，這是各工聯的一種總聯合團體，是一千八百六十七年組織的，他的主要目的是幫助工人同盟罷工。到了一千八百八十六年，共同加入這種團體的工聯差不多達九千個。當一千八百八十六年至一千八百八十八年之間，因爲許多同盟罷工，沒有引起大家的同情，遂致屢次失敗，因此勞働黨中便引出許多爭論，而美國勞働聯合會（The American Federation of Labour）遂漸次代他而起，這種聯合會和英國工聯議會（Trade Union Congress）是相似的。

I. W. W. 是由一千九百零三年至一千九百零四年科洛拉得（Colorado）鑛工的同盟罷工而出生的，他的憲法是一千九百零五年六月工界在芝加哥（Chicago）所開的會議中訂妥的，當時有一百八十六個人出席會議，聲明代表九萬個會員，但是有許多代表似乎當開會之初，便和會中脫離關係了。　他第一次所宣布出來的主義就是和工聯相反對的。　到了一千九百零六年第二次開會的時候，共有八十三個人代表六萬個會員，出席會議。　過了兩年，會中有一種溫和派又和此會脫離關係，自成一派，就是現在所稱的眞世界工業工人會（The True I. W. W.）他似乎是和社會主義工黨（Socialist Labour Party）有密切的關係，這一黨是美國社會黨（The American Socialist Party）的小而且老的敵手。

I. W. W. 第七次年會是於一千九百一十二年在芝加哥開會的。　鑛工首領黑烏德（William D. Haywood）在這種運動中是一個最著名的人物。　他一直到近來，還是社會黨全國行政部（The National Executive of the Socialist Party）中一個委員，但是到了一千九百一十三年，他被公衆投票表決，將他的當選撤消了。

工團主義或和工團主義極相似的一種主義，在英國第一是由社會主義工黨宣布出來的，這一黨是從美國輸入的，他在壹丁堡所發行的社會主義家（The Socialist）月刊中，主張工業上的聯合主義（Industrial unionism）。　然大家對於這種問題加以注意，是由於門恩（Mr. Tom Mann）的力量。　當一千八百八十九年船塢運貨工人同盟罷工的時候，門恩才有名於世，他此時和柏倫斯(John Burns）及提雷(Ben Tillet）兩人共事，他從一千八百九十一年起，至一千八百九十四年止，會做過皇室勞働委員會(The Royal Commission on Labaur)的會員。　後來他以他那種極强旺的精力，專用於各種運動和職業上——從倫敦改革同盟會的自由主義(The Liberalism of the London Reform Union）起，至社會民主黨的社會主義（The Socialism of the Social Democratic Party），和特許的供給糧食者的事業止。　他自此以後使離開英國，在澳洲鼓吹他的主義，一連住了好幾年。　至一千九百十年，他又囘到英國，此時他才起首宣傳工團主義的新學說。

英國當這個時候，工業上呈出一種極不安靜的狀態。　自一千九百十年起至一千九百十一年止，威爾士南部工人同盟罷工和工廠主人關閉工廠，解散工人等事時常發生，而多年統率各工聯的一班老人物，又和一個新派中許多青年，如哈次赫倫(Mr. Vernon Hartshorn)和

斯坦頓 (Mr. Charles Stanton) 等互相爭鬥。 一千九百十一年，鐵路工人和運輸工人相繼同盟罷工，於是工業界上起了一個極大的風波。 到了一千九百十二年，大英國礦工聯合會(The Miners' Federation of Great Britain) 因為要得到一種極小限度的工資，遂舉行全國同盟罷工。 當時英國是一種工業上的播種地，工團主義可以希望從這種地上發育出來，而門恩和別的黨人因為煽動兵士當同盟罷工時拒絕長官的命令，遂被控告一事，就不曾供給工團主義的新運動以一種全國的講演壇。

還有一層，一般社會主義的新聞記者很喜歡有一種新學說給他們做論說材料，所以他們對於工團主義著了許多書，公布於世。 從實際上講起來，工團主義這個名詞雖傳播很廣；然在英國相信他的教義的人似乎是少極了。 有少數舊無政府黨人復集於這種工團主義的新信條之下。 泊都和樸格所著的我們怎樣使革命實現(How we shall bring about the Revolution) 一書被查洛特 (Charlotte) 和查爾(Frederic Charles) 兩人譯成英文，克魯泡特金親王特替他們做一篇新的序言，美國有一個財主名威爾協(Mr. H. G. Wilshire)，他的意見是很乖僻的，他看見他的社會主義的學說在本國並不特別受人歡迎，遂跑到英國，傳播這種新信條。　一班反對任何種權力的叛徒也擁護工團主義。　此外，有一種報叫做倫敦日報（The Daily Herald）　創辦時是要他作一種擁護勞働界的新聞紙，但是不久他便落於一班反對工黨和主張以武力强爭婦女選舉權之人的手中，於是他對於那些贊成用暴力達到政治上各種目的的工團主義著作者，表示同情，他又指摘一般國會議員，稱他們爲奸賊。而對於國會中屬於勞働界的議員，尤特別斥責。

英國工業上既有了一種不安靜的狀態，遂使一般人民贊頌那些革命的演講者，但是各工聯的領袖和全體會員却沒有因此變爲工團主義者。　英國舊式的工聯主義者對於扶助工團主義的事件，都一概反對，而舊式的工聯主義在英國仍然要算是一種勢力。　那種進步的工聯主義已經制勝了種種舊觀念，但是英國工聯主義者的進步，是向着政治的活動那一邊走的，不是離開政治方面的。　門恩創設一種工業工團主義教育聯盟會（An Industrial Syndicalist Education League），又發行一種月刊，名爲工團主義者（The Syndicalist），這是一千九百十年出版的，至一千九百十三年便停刊了。　到了一千九百十三年有一個國際工團主義議會(An International Syndicalist Congress)在倫敦開會，大約有四十個代表祕密出席。　然我們似乎是沒有一種憑據，能夠證明門恩在英國已經得到許多黨徒，或是在將來，他能夠得到許多黨徒。

從實際上講起來，一般社會的開路者所期許的事件和他們所履行的事件，時常是很不相稱的。　工團主義這種新信條的預言家將他們的新耶路撒冷(Jerusalem)的光榮，用種種狠鮮豔的顏色描寫出來了。　他們很相信凡人心中所信仰的事件，都是能夠做得到的。　他們正正當當證明，拯救社會的方法，是在乎政治上的爭鬥；他們要求選舉權，不久便得到這種東西了。　他們在國會中組織一個工黨，而他們的敵人宣言各種事件在目前。　將有一個結局。然却沒有什麼轟轟烈烈的事情出現！他們宣言，他們已經强迫政府允許養老金(Old Age Pension)預備學校兒童的食物(Meals for School Chibdrin)並且設立苦力工資部(Wages Boards for Sweated Labour)。　通通這些事情都是一種進步，並且是一種很顯著的進步，但是人類所住的地方仍是從前的老地球，並沒有什麼新天地。於是失望的事自然是不能夠免的。國會中人，才知道這些困難。社會問題並不是英國唯一的問題。愛爾蘭的農民，威爾士的非國教徒，(Welsh Nonconformists)，和蘇格蘭的戒酒者(Scottish teetotalers)，都各有痛苦的事情：無綫電報，婦女選舉權，低能的人民，和別的千百種事件，政府都須注意。就是最奮勉的政府也只能夠緩緩地進行。既是這樣，那麼，選舉代表到國會裏面去，究竟有什麼好處呢？這不是半塊麵包問題：在一般夢想理想時代(Millennium)之人的心目中，這不過是一小碎片麵包問題罷了。有少數人在英格蘭或是在別國，對於很遲緩的政治進步，心中極不耐煩，這種事我們還能夠驚訝麼？他們要尋一條捷徑，直達他們的目的地。他們自己以為總同盟罷工可以使革命事業在一種極短的時期內出現，要是等候政治去行改革事業就要好幾十年。總之，他們要求「直接行動」('direct action)。政治是過於遲緩的，並且是靠不住的：選舉別人是毫無結果的；所以各人還是自己去動手。

工團主義的精神是社會主義初次成功中一種不可免的結果。這種精神將於前進的時候，在每步之中再行顯露出來的。　將來一定有一天，工黨要和別的黨派互相聯合，出來掌權，如像在法蘭西的工黨一樣，或是獨自出來掌權，如像在澳洲的工黨一樣。　就是到了那個時候，他們所成就的事業，也將不能夠使他們的黨徒中人人滿足，於是工團主義或和這種主義相等的主義另外爆發出來是可以預先斷定的。　總之將來的事實就好比「擺錘的搖動」，是在一種新形式之中。　但是在工團主義的理想中却含有一種有價值的批評之元素。　社會主義的舊觀念，是工人具有生產工具的所有權和管理權，而消費者組成一種民主主義的國家，這樁事使近世工業社會直接趨於中央集權的制度。　這樣的觀念是為大多數人民所不喜歡的。　因為現今六個人所組成的內閣，關於政府諸事，既具有實在的權力，可以決定一切（在一定限度之內），現在的郵務總監對於管轄地的郵差，到了最終的時候，既有處置他的生命的權限，那麼，在社會主義觀念之下的政府，無論他是如何富於民主主義的精神，他總是委託幾個人來支配國民的生命，在實際上沒有人能夠逃出這種支配。

一個工人依照他的本能，和自然的趨勢，固當要求他有幾分支配他自已工作的權限。

他爲自己最適宜的生活起見，每日做工八點鐘或九點鐘，每星期做工五天半或六天，他既是一個生產者他對於他的工作，和他作工中的情形，要有幾分自由決定的權限。　普通一般人民無論是和現在一樣，大半是沒有組織的，或是到了將來是有組織的，他們一定將以消費者的資格決定他們所需的生產物；凡輪船，鐵路，和工廠的管理，一定是要委于一個船主或是一個經理之手的。　但是大家總要籌畫一種方法，使在工業革命的面前，作工的人，得有享支配他自己工業生活的一部分的權限。　然應用「籌畫」(deoised)一語又將引起誤會。　社會是依照人民的種種感情而形成出來的。　社會的組織在實際上是繼續發達的，　工團主義已經應時而起，他告訴我們那種郵政式的組織不是一國的全部工業組織所能夠取法的，我們也可以相信人類的實行和經驗，一定會指出種種方法，使勞働界必要的組織及訓練，和工人所應當要求的獨立及自治，互相融洽，兩無妨礙。

總同盟罷工(The General Strike)

我們對於工團主義中一種主要的教義尚須略說幾句，這種教義就是他所主張的總同盟罷工。 總同盟罷工這個名詞在應用上意義各不相同，所以大家應當預先注意這一點。

工團主義者所籌畫的總同盟罷工，是全國停止工作，使資本主義的制度歸於消滅。 一般工人應當聯合攏來，不再替他們的雇主作工：當那種爲他們自己和社會全體的同盟罷工終止以後，他們當據有生產工具——工廠，鑛山，鐵路——應用這些東西去從事工作，然一般社會主義者和工聯主義者，也主張在特別的地方，因爲特別的目的，舉行總同盟罷工，他們尤竭力主張用總同盟罷工去做防止戰爭爆發的方法。 所以我們要將總同盟罷工這個名詞的三種用法分別出來：

工團主義者總同盟罷工的目的是在變更經濟上的制度。

社會主義者的總同盟罷工，是要達到政治上的目的。

工聯主義者的總同盟罷工，不過是一種擴大的工業上的同盟罷工。

第一種同盟罷工現在還沒有試行過，恐怕將來也是永不能夠實行的。 第二種同盟罷工已經實行過好幾次。 內中最有生氣和最有成效的罷工就是一千九百零六年十月俄國人民要求立憲而舉行的同盟罷工，這樁事他們畢竟達到了目的。 一千九百十三年比利時人民因爲保守派拒絕改革選舉制度，實行同盟罷工，這種罷工風潮雖波及很寬，然决不是普遍的；一般鐵路工人，電車工人，和煤氣燈，電燈，及報館中工人，大概都沒有加入；這種罷工的結果雖得到政府一種允許條件，然却沒有收多大的效驗。 第三種同盟罷工不過各業一種特別大同盟罷工罷了。 這種罷工中最著名的成例，就是一千九百零九年瑞典工人因爲要求增進勞働界狀況所舉行的同盟罷工。

總同盟罷工既缺乏一種確定的界說，所以我們要將他的全部歷史敘述出來，也是極困難的。凡因政治上的目的而舉行的同盟罷工，和各業所協定的直接有關於國家的大同盟罷工當列爲一類。 凡鐵路工人的同盟罷工帶有一種總同盟罷工的性質。 造製棉花工人的同盟罷工無論如何重大，却沒有總同盟罷工的性質。 凡一地方的同盟罷工雖和革命事業有關係，也不在總同盟罷工之列。 凡各種總同盟罷工或是已經被承認爲總同盟罷工，羅列爾(Arnold Roller)刊布一種小册子，名爲社會總同盟罷工(The Social General Strike)，書中所舉的同盟罷工至一千九百零四年爲止。 都列成一表，附錄在本書的後面，大家看見這些總同盟罷工，便知道內中沒有幾次罷工是和工團主義者的理想相接近的。　那些以全國爲基礎的總同盟罷工，大概是爲達政治上的目的，這是一班工團主義者所厭惡的，如果不是這樣的，那麽，這種總同盟罷工就是向工聯的路綫走的。

末了，我們可以指明出來，總同盟罷工雖是一種極難運用的武器，然他却的確是一種勢力極大的武器，倘若何種文明的民族，在來的時候，覺得實行社會革命是必要的，那麽，他們大半是會取這種途徑。　但是工人階級如果是聯合攏來反對政府，眞正的總同盟罷工才是可能的事，至於在一種採用民主主義的選舉制度而實行立憲的國家中，這種非常之事恐怕就不容易出現啦。

第十二章　各國社會主義的進步(The Progress of Socialism Abroad)

社會主義是一種世界運動，是政治現象中一種新模型。　在以前各時代中，除掉宗教改革(The Protestant Reformation)和社會主義有幾分相似以外，從來沒有一種運動是和他相仿佛的。 歐洲各國已經經過政治上的發展，但是從黑暗時代(The Dark Ages)的專制政治，變爲現時有限制的民主主義共費去一千年，而這種變遷仍然是不完全的。 那種反抗羅馬精神界統治權(The spiritual domination of Rome) 的革命，在實際上同時蔓延於當時各文明國中，並且在歷史上一種很短的時期中，這種戰爭就告了結束，兩方都沒有推倒。

但是自十六世紀以後，世界已經改變了。 社會主義和資本主義決不會在一國的戰場中互相爭鬥，而社會主義的革命就是在俄羅斯那樣的專制國中，也決不能有一種和異教徒審問處（Inquisition）譯者按異教徒審問處是一種教會的法庭，是一千二百四十八年在羅馬教皇應洛仙特第四 (Pope Innocent IV.)之下組織的，後來相繼設立於意大利，西班牙，德意志，法蘭西的南部；其目的是審問和懲罰那些不奉耶穌舊教的人。相等的機關將他撲滅。

我們這一章是專門考察世界各國的社會主義，這種考察所顯露出來的影片，必爲少數極端派(The extremists) 所深惡的，因爲他們眞正相信（羅斯柏列伯爵 (Lord Roseberry) 或者不相信）社會主義是「萬事萬物的終點」('The end of all things)。 近世社會主義運動在實際上是創始於馬克斯和拉塞爾兩人，現在這種運動已經傳徧世界各國了。 無論在什麼地方，我們看見社會主義傳播的歷史是相同的：起初有一二個或五六個熱心社會主義的人：後來漸次進行社會主義的組織：他們有許多奪取國會中議席的計畫，因爲時機沒有成熟，時常是失敗的；到了最後，社會主義便安安穩穩發達起來了，於是社會黨的選舉票由幾百增至幾千，幾萬，幾十萬，有時增至幾百萬：而社會黨推翻各種黨派，盡力擴充，到了後來，他便成爲一國中一個最大的黨派，如德意志和芬蘭(Finland)的社會黨就是一個例；他甚至於奪取一國最高的權力，如像澳洲的工黨所做的一樣。

有時他也遇了種種阻力，這是因爲他所用的策略不同而發生的，如像在法國，他所遇的阻力是由於工團主義的興起，但是這種竭力和宗教改革中那些非幼時浸禮論者(Anabaptists)（譯者按非幼年浸禮論者是一種狂熱的教派；當宗教改革的時候，他起於薩克遜；他雖蔓延於德國各處地方，然因他的黨徒在閔斯特(Münster)肆行無忌，遂致大受挫折一蹶不振。）及過激的共和黨人(Levellers)（譯者按過激的共和黨人是英國一種激烈派，他於一千六百四十七年出現於國會軍中，到了一千六百四十九年，他爲克林威爾(Cromwell)所撲滅。）一樣，都不能夠算爲一種發達不止的東西，可以使一般擁護舊主義的人心中稱快。

旅行的速度在實質的世界中，於一世紀之內，已經增加至十倍；我們的祖宗每點鐘只能走五或六英里。我們現在每點鐘却能行五十或六十英里。

世界變遷的進步似乎也是一

樣地加快了，歐洲轉入耶蘇教差不多費去一千年，這種變遷安安穩穩向前進行，沒有什麼實質上的阻力，然歐洲轉入社會主義也是一樣地安安穩穩向前進行，他的反動力的表現還要較少些，他的步子却要快十倍，所以如果說在馬克思死去（他是一千八百八十三年死的）一世紀之內，却還有何種文明國家沒有爲社會主義所征服，這椿事恐怕難得使人相信啦。

以下這些篇幅是將社會主義組織的形式和細目反覆說明，讀者對於這些東西，似乎將缺乏之一種興味。但是我們要這樣反覆說明，才能夠使大家的腦子裏面發生一種必要的印象。倘若讀者願意了解近世社會主義的勢力，他的心中務必知道社會主義在文明國家中現在的情形是怎樣的。我今日拿筆著書，正當夏季一個星期日，現在有好幾千，甚至於好幾萬個公衆集會，講演會，遊行會，音樂會，等等，正在開會，這些會的目的都是提倡社會主義的。在歐洲，美洲，和澳洲每個工業的城市中，甚至於在亞洲和非洲大多數城鎮中，今天都有關於經濟原理的演說，或者是當地最著名的政治家，在大庭廣衆之中演說，或者是一些稍微受過一點教育，而知識僅比其餘的愚民略高一等的青年，在小羣無知識的工人中演說。讀者可將以下所說的事實之概略牢記在心：第一他當記着，要使社會主義的一個支派繼續進行，要維持一個報館的財政，和辦理一次選舉，究竟應當怎樣努力；末了他當記着，就是在英格蘭國中，一般人對于社會主義的運動如果過於熱心，公然竭力擁護，那麼，他們處處將遇着雇主同盟抵制和失去職務的危險；在德意志國中，政府把一班社會主義者當做奸賊看待，用盡行政上的勢力去壓迫他們；在許多別的國家中，一班在社會上和經濟上占勢力的人是爲工人階級所倚賴，藉以得錢度日的，他們對於社會主義者非常痛恨；總之，無論在什麼地方，社會主義者是和已經存在的制度及這種制度所具的威權，竭力戰爭，而每次戰爭的結果總是有勝無敗的。　這種事件的實情將於以下的篇幅中說明出來。

德意志

德國的社會民主黨仍然是一個極有勢力的大黨，在各大國社會主義的黨派中，他是一個組織極完善的黨。　德國社會主義者對於他們的戰術，政策，和學說，雖有同異之爭，然他們却具有一種稀有的和至高的政治上容忍之德。　他們在自己的黨中因爲意見衝突，互相激，各有所助，但是他們却不使他們的本黨受絲毫損傷。　他們的黨中沒有什麼重大的離脫黨籍之事發生；他們這一黨仍然是一個堅固的政治上的單一體。　這一黨的進步可以依下表推測出來：

——德國社會民主黨選舉票的發達表

年	社會民主黨的選舉票（第一次投票）	全體投票的比例數	社會民主黨所選出的議員
1871	124,655	3	2
1874	351,952	6.8	10
1877	493,288	9.1	13
1878	437,158	7.6	9
1881	311,961	6.1	13
1884	549,990	9,7	24
1887	763,128	10.1	11
1890	1,427,298	19.7	35
1893	1,786,738	23.2	44
1898	2,107,076	27.2	56
1903	3,010,771	31.7	81
1907	3,259,020	28.9	43
1912	4,250 329	34.8	110

至一千九百十三年七月，社會民主黨因補缺的選舉，在國會中復得一個議席，這一黨共計有一百一十一個議席。

德意志國會是由三百九十七個議員而成立的。倘若社會民主黨人在國會中的代表是依照一千九百十三年他們的投票作比例，那麼他們應當有一百三十六個議員。 自一千八百七十二年德意志帝國建設以來，國會的議席從沒有重行分配過，而每次選出一個議員的地方，面積各不相同，如特爾托(Teltow)有三十八萬八千七百九十八個有選舉權的人，只能選出一個議員，而畢克堡(Bückeburg)只有一萬零七百零九個有選舉權的人，也選出議員一人。 至於人口增加的地方，不用說，大半是在工業區域，而社會民主黨在這些地方，是一個最有實力的黨派。

社會民主黨的主義沒有什麼正式的變更，可以供我們的記錄。 他的種種策略在精要之處，雖仍然和從前是一樣的，但是這些策略有許多地方，因爲環境不同，自然也改變了幾分。 這一黨仍然是堅持他的爾佛得黨綱。 他所抱的目的是很質實的，就是主張增進德國工人階級的利益和理想，而沒有什麼多大的讓步。他對於各種特別問題雖預備和別的黨派共同進行，他對於南部德意志各邦議院問題，尤願意和他們互相提攜，但是在實際上他却沒有和他們聯結一氣。他對於德國預算案已經堅決拒絕，不肯通過，不僅是因通過預算案就可以被人看做服從現有的制度，也不僅是因政府歲入大半都挪作軍用，因此維持了軍國主義，但是因這種歲入多半是由間接稅得來的，而這種間接稅是一種不公平的負擔，硬加在各貧苦階級的肩上。社會民主黨人對於政府擬施行的高稅則，盡力抵抗，然這種稅則經過一種長期的討論之後，到了一千九百零六年，畢究施行起來了。他們對於政府的殖民政策大概也表示反對的意思。他們極力擁護人民之民主的權利，擁護言論自由和出版自由，他們尤特別擁護集會結社的權利。他們對於工廠法令，和保護工人日常生活及職業問題，總是自已首先提議的，凡遇了立法事項，如果眞正可以幫助達到這些重要的目的，他們總是首先贊助的。從實際上說起來。他們是要以德國工人階級的代表者和擁護者自任，所以他們對於那些足以鞏固階級制國家(The Class State)的計畫，都一律反對。

這一黨對於他的開創者仍然是忠誠不變的。拉塞爾，馬克思，和昂格思的半身像，在他們的年會中，都是夾諸花草之中，放在講台之上的，自一千九百年里布奈西死了之後，他的像也是和他們那些像放在一塊兒的。德國和世界各國既發生一種社會民主的黨派，於是馬克思等的大名便愈加顯揚了，他們的著作或是淵博精當這或是平易通俗，在各文明國中，都有人誦讀，並且大家還加以縝密的思考。在多數國中，有許多很大的機關都直言無隱，是依照馬氏諸人的學說組織的，凡現在支配國家命運的人，或是不久就將支配國家命運的人，思想上都直接或間接受了他們的影響。拉塞爾和馬克思已經成爲歷史上第一等人物了。

但是德國社會民主黨如果是要指導工人階級的命運，他務必不可固執門戶之見，以致退化成爲一種宗派，這是一樁很明白的事。他的主義和策略本是以馬克思的見解爲根據的，到了現在，他務必將這種見解繼續加以討論，並且還要加以修改。他取法馬克思，向來是過於拘執，就是馬克思照他自己的計畫去做事，恐怕也不致這樣拘執。他的黨徒對於馬克思激烈的革命方面時常是過於重視的。我們已經知道馬克思主義中所含的激烈的革命彩色，是一個時代和種種環境的產物，現在這種時代和這種環境在德國固然是不復存在，就是在地別的方法也是不復存在了。馬克思的主義還別有一方面。馬氏重視他的環境，關於這一點無論什麽人都是這樣的。他在共產黨宣言中，主張和別種有進步的黨派攜手共進，以期達到民主主義的目的。他承認在和平的發展之中，進步事業是可能的。工廠法令和協作運動在英國不獨是社會上很好的結果。並且是新主義大勝利。他相信在美國英國和荷蘭的工人，可以用和平的方法，達到他們的目的，這是我們已經知道的。在一種和平時代，他的黨徒應當注重他這種和平的方面，方才合乎道理。

北德意志是社會民主黨中正宗派或「激烈」派的營寨，而普魯士尤特別是他的根據地，當時普魯士是在一種强硬的，獨裁的，和有能力的中央集權政治之下。畢士馬克懷疑民主主義，而德國治人階級都以他的趨向爲轉移，於是一班社會主義者仍然是被視爲殘害國家和背叛德皇的人。以後所有關於增加國家管理工業權限的提議，社會民主黨人總是極力反對的，因爲這種提議對於有關係的工人，一定會限制他們政治上的自由。以後國家社會主義（State socilism）和社會民主主義的界限也極爲明顯，而這種畛域據英國社會主義者看起來，差不多是毫無意義的。

在南德意志，諸事的情形便大不相同。　威爾馬是巴威利亞(Bavaria)社會主義者一個貴族的首領。他對於馬克思所說的土地(和資本)漸次集中於少數人之手的教義常棄之不顧。威氏和他的黨徒贊成那些可以得到農民贊助的即時改良計畫，而這些農民是馬克思的學說所不能夠發動的，因為馬氏以為一般農民和所有小規模的生產者一樣，在社會主義能夠設法拯救他們之時，他們必定是已經被資本主義所蹂躪了。

世人要想使馬克思學說更加發達，對於他當下一種批評，這是很緊要的；到了一千八百九十九年，卡斯天當社會民主報的倫敦通信員，他在他所著的社會主義的提議和社會民主主義的命題(D'e Voraussetzungen des Sozialismus und die Aufgaben der Dozialdemocratie)一書中，才對於馬氏加以批評。　卡斯天將馬克思重要的學說，大概都評論一番，他的重要的學說就是唯物的歷史觀，辯論法，贏餘價值論，和革命的社會發達觀，最後這種學說是盼望一種極大的變亂，作為資本主義的時代一種結局。　在窮困的，退化的，無產階級和一小羣的大資本家中間，仇怨日深，於是無產階級向資本家作一種階級戰爭，而戰爭的結果，社會上的變亂就在眼前，卡斯天以爲這種學說是一班統計家所不贊成的；他主張使國家漸次變爲民主主義的國家，擴充地方的社會主義，推廣協作運動，像這樣的和平進化是他極相信的。老實說，卡斯天亡命於倫敦的日子很久，他也和馬克思一樣，都受了環境的影響。馬克思所習聞的是工業上的發達，而卡斯天所精通的是他所寄住的國家政治上的發達；卡氏這一個新派在德國稱爲修正派（Revisionism），其實就是英國社會主義派，不過譯成德文，便變爲這種名稱罷了，至所稱的英國社會主義派，就是費邊會和獨立勞動黨的思想家及領袖所倡導的。

講到事實上的邏輯修正派要占優勢，在實際上這一派的邏輯將極端的「激烈派」的邏輯壓倒了。工聯主義在二十年以前除掉英格蘭以外，幾乎毫無所聞，並且據工資鐵律說起來，他也不能夠替工人成就一點事體；然在實際上，這種主義在德國已經發達成爲一種勢力，而社會民主黨人並且久已承認他的權力和價值。在德意志國中，有好幾種工聯，內中有幾個會對於社會民主主義懷一種敵視的意思，但是他們中間最大的和最有勢力的自由工會(Freie (Gewerkschaften)大半是修正派由一般社會主義者構成的，所以他和這一派關係極爲密切。當一千九百十二年之末，德國工聯主義者的總數共有三百萬人，而工聯的會員共有二百五十五萬九千七百八十一人。德國工聯和英國工聯相比較，雖現時財力和穩固的程度尙不能相及。然會員的數目却是相等的。德國人加入這種運動，本來是稍遲一點，然他們却很聰明，只組織幾個很大的中央集權的機關，沒有組織無數特別的，甚至於互相競爭的工聯，而這種工聯在英國仍然是存在的。德國的協作運動，情形也是相同的。這種協作事業可以於某幾種限度之內，改良勞動狀况，這是一種和平進化的方法，此外，他還有價値最高之教育上的效果。德國的協作事業始於農民和小生產者中的農業公社和信用公社。近來各種消費公社以洛芝得爾(Rochdale)計畫爲基礎，也已經成立了，至一千九百十一年這種公社共有會員一百三十二萬五千人。這一類的組織雖和馬克思的經濟上發展之預見不相符合，然一般社會民主黨人却極端歡迎。

社會民主黨對於選舉所持的政策，在實際上久已採取一種讓步的態度。這一黨自身是因馬克思派和拉塞爾派互相讓步，才能夠成立的，這是里布奈西和柏白爾所主張而為馬克思所反對的。到了一千八百九十年，黨中一班首領都忠告他們的黨徒，凡在沒有社會黨候選議員的地方，他們投票時應當贊助那些對於取締社會主義者的非常法律曾經表示反對的人，這種忠告遂使「少年派」(Gungen)和這一黨脫離關係，他們遂轉入無政府一途。然不久卽匿迹銷聲了。一千九百零七年，社會民主黨因為要增進反對政府黨的勢力，遂於第二次投票的時候，竭力贊助中央黨（天主教徒）。到了一千九百十二年，這一黨因為有三十一處選舉區自己為保守派或天主教徒所反對，選舉上不能成功，乃替自由黨人力謀選舉票，他遂取一種極端的步驟，命他的黨徒選舉十六個自由黨候選議員，然自由黨當第二次投票時候，也是反對他的。他這種勇敢的行動畢竟成功了。後來當黨中開常會的時候，雖那些極端的「激烈派」自然是反對這種舉動，然其餘的人都是很贊成的。

當一千九百十二年的時候，社會民主黨人在巴維利亞和自由黨人結一種確定的契約，共同分配選舉區域，當投票時，彼此互相贊成。　他們在國會中對於順從他們的要求而曾經修正過的國家預算案，予以通過；當他們的同黨在開尼慈開常會的時候，他們這種政策曾受指摘，然修正派却宣言如果他們自己以爲這樣的政策是對的，個們一定再要這樣去做。　這個常會既已經贊成前節所敘之讓步的選舉策略，那麼，修正派和激烈派顯然是勢均力敵了，然這個新派在名義上和實際上都將制勝，這是很顯明的。

世界有一種幾乎普遍的眞理，就是，行爲差不多時常是超過主義的，上面所說的事實不過是這種眞理的一幅圖解罷了。　宗教有他的亞插列細亞司信條（Athanasian Creeds）譯者按亞插列細亞司信條是教會中一種正教的信條，而用懺悔的形式表現出來的，這是反對亞利亞司派（The Arians）的；以爲大家以爲這種信條是出於亞插列細亞司（Athanasius）之手，其實這種信條的出現，還在他死之後。政府有他的花言巧語，替元首擴充權力，然以前的元首因爲極力行使這種權力以致喪命或退位的，也是常有之事；而各種黨派雖是最近成立的，和最喜革命的，也不大敢將他們每天所行的政策明白宣布出來，這種情形無論在英國或德國都是一樣的。　在社會民主黨人中的「激烈派」所抱的理想，對於各種別的黨派，和社會改良中各種別的方法，仍然是極不相容的，他們在他們的言論和文字中，仍然是時常尊重這種理想。然在實際上，他們却和別的黨派通力合作，並且採用別的方法，如工聯主義，協作運動，和國家社會主義等等，而激烈派和修正派所爭持的事件不十分關於怎樣做，但是關於怎樣說。激烈信願意保留他們的亞插列細亞司信條，因為他們曾經相信這種東西，並且這也是演說的一種好材料，所以他們希望聽他們演講的人，仍然是相信這種東西。修正派願意以他們的行為去規定他們的言語，並且願意承認社會民主黨的信條中有許多斥責的條文，不復代表他們心中所信仰的東西了。當卡斯天和黨中很能幹的祕書奧爾商議公布修正派宣言的時候，奧爾說：「一個人所做的事體，他却不這樣說出來的」，他這種說法將以上的情況都包括攏來了。

德國社會民主黨不僅是一個成功的政黨：他也是一種複雜的大組織。一千九百十三年，他有黨員九十八萬二千八百五十人，內中有十四萬一千一百十五人是婦女。這一黨在選舉議員一名的選舉區域，如漢堡第三區有黨員四萬二千五百三十二人，這種數目和英國有黨籍的社會主義的總數是相等的，而在英國，不和德國一樣，對於社會黨員的資格沒有什麼限制。當一千九百十二年的時候，這一黨本部的進款十萬金磅，而屬於他的各地分會的基金一定還要更多些。　黨中所辦的日報和雜誌共有九十三種，每次共銷一百八十萬份：而進步報是他的中央機關，共銷十七萬份，因此所得的餘利有一萬五千磅。　他的國會選舉區域的組織共聯成二十九區，而這些區又依照德國各聯邦的地位結合攏來。　黨中握最高權力的機關是常年大會，而這種大會是由屬於這一黨的國會議員，黨中行政委員會的會員，和屬於這一黨的各地方機關所配的代表組成的，至於各機關代表的數目，是依照會員的多少而決定的。

行政委員會由常年大會每年選舉一次，這種委員會是由執行委員會（會中有會長一人，副會長一人，會計一人，祕書六人，和輔佐員兩人，而祕書之中有一個當以婦女充任），和九人的監督委員會組成的。　執行委員的委員大概都是支薪的，他們各差不多所要將他們所有的功夫都耗費在辦理黨務上面。　他們對於黨中重要的詳細事件，應負責任，他們的下面有很多的書記可以供他們的指揮。　一千九百十二年，這一黨又由各地分會的行政委員會派出代表，組織一個評議會，幫助行政委員會決定關於政治上的政策和一切重要事件。　有人說組織這種評議會是制止執行委員會逐漸流於專制的傾向。　現在黨中各區和各邦聯合會有償的祕書共五十八，而各地方機關有償的祕書共一百人。

這種組織完善的機關具有一種效能，是毫無疑義的。　所有全體黨員對於黨中不僅是消極地輸納捐款，就算了事。　他們還須出以積極的行動，如分發印刷品，在同伴中時常吹鼓和討論他們的主義，導引這些人入黨，並且參加選舉運動，組織演說會和遊行會種種勞苦的任務。　每逢選舉的時候，社會民主黨所配出的大隊運動員，在各大工業地方，盡力進行，毫不停止，如同機器一樣。　現在在柏林，柏林附近和柏林的八個國會選舉區域中，只有一區沒有入於這一黨的紅旗之下，因爲西端一區是皇宮和財主住所所在之地，當一千九百十二年選舉的時候，這一區所投之票超過一萬一千，而自由黨人因多九票，遂得勝利。　在其餘的七區之中，這一年選舉投票的總數共八十萬零五千七百三十票，而社會民主黨占五十萬九千六百七十八票，差不多占全額中百分之七十分。　這一黨在這七區內純粹工人階級所住的區域中，投票的比例數達到百分之八十八分。　這一黨在別的人口大中心點地方所得的選舉結果，差不多也是一樣地令人驚訝。德國各大城鎮除掉幾處之外，都各有一個社會民主黨人在國會中當他的代表。

然社會民主黨不僅將他的功夫，精力，和金錢專用於政治方面。昂格思曾說，「我們德國社會主義不獨是出於聖西門，傅立葉，和渦文，並且也是出於康德，費西特，和黑格爾，這是我們可以自豪的。德國勞動運動是德國優美的哲學之苗裔」拉塞爾宣言，他所做的論說，每行中都含有他那一世紀的全部文化。這種誇張之詞已經使一般社會民主黨人聞風興起，對於大衆，都以一種扶助藝術，哲學，和科學的人自任。在他們組織中最有效驗的部分就是他們的教育委員會，現在德國有三百六十四處地方已經都設有這種委員會。他們這種委員會大半是和工聯共同設立的。他們也有一個中央教育委員會，他的職務是發起並且幫助各地方委員會，當一千九百十二年至一千九百十三年的時候，這種教育委員會的經費超過三萬五千金磅。這種委員會對於經濟，歷史，文學，美術，社會主義，哲學，協作運動，工聯主義，政治學，和各種專門學科，共講演三千五百次，此外還公開無數的音樂會，歡迎會，和演戲等等。　這些會自然是平常的傳播主義的會和選舉會之外，而這種傳播主義的會和選舉會開會大約有三萬次。　音樂會和演戲兩事，行行時規模很大的。　戲園中所有男伶，女伶，和音樂隊，都是很齊備的，他們排演莎士比亞（Shakespeare），哥德和石樂的戲曲，及宣傳主義的近世戲曲。　漢堡的教育委員會報告，對於大多數聽戲的工人做奏貝多芬（Beethoven）的全班合奏之樂（Symphony），是很有功效的，而柯洛哥教育委員會覺得做奏巴池（Bach）的音樂很可以引起一班屬於工人階級的黨員到場聽戲。　又有一種活動影片，也是用作傳播社會主義之用的。

社會民主黨有幾種極富於趣味的機關，是和他的教育事業有關係的，內中有一種就是柏林的社會主義學校。　在這個學校裏面，每年有三十一個當選的年齡不同之男子和婦女教授普通史；，社會史；，憲法史；，政治經濟學；，社會主義的歷史和學說；，社會和工業的法律；，演說術和作文法；，新聞事業；，和別的學科。　當一個學生在學校念書的時候，所有一切費用都是由校中供給的。　社會民主黨用了這個方法，便造成一班煽動家和辦事人員，以備將來的應

社會主義史　下卷　　一〇四

用。　這個學校每年所費的款項共二千金磅，內中有一千磅是耗於供學給生的膳宿書籍衣服等費。

社會民主黨中特設一個婦女部，專門辦理關於十四萬女黨員的事務。　每年五月十二日是這一黨的婦女紀念日，每逢這一日卽特別舉行遊街會和演說會，要求擴充婦女選舉權。他們又預備各種特別的小冊子和別種印刷品，在婦女中分發，並且極力鼓吹他們的主義，當黨中正要開常年大會之時，還有一個特別的婦女評議會預先開會，討論關於他們自己的事務。

許多參預這種運動的婦女，憑藉保護兒童委員會（The Committee for the Protection of Children），在社會做了一種很有價值的事業。　這種團體的事務是由純粹自願效力的婦女擔任的，現在德國有二百零二處地方，設有這種機關。　這種團體對於破壞各種保護兒童的法律，便竭力制止，他對於破壞各種保護兒童工資的法律，尤特別嚴禁；有人說這種團體保護兒童的效力比較國家所派的工廠監察員保護兒童的效力還要更大些。

凡未成年的人被法律禁止，不得加入社會民主黨，然這一黨却設法使這些青年和社會主義相接觸。　他因爲要達到這種目的，便組織六百五十五個地方委員會，專辦這一類的事務並且還創辦一種特別的新聞紙，名爲勞働少年（Arbeiter Gugend），這種報每次共銷八萬九千份。　這一黨在二百七十四處地方設有少年圖書館：自一千九百十二年至一千九百十三年，他舉行演講會四千五百次，開音樂會和迎歡會二千四百零五次，舉行旅行會，博物院參觀會等等共一萬四千三百次，他又刊佈小冊子八十二萬五千份分發國內各青年。

社會民主黨現在所注重的即刻改革事業莫過於地方政府的管轄權限。　他的黨員中服務於城鎮和鄉村公會的總數，超過一萬二千人，他們不僅是從事於傳播他們的主義，並且還管理地方社會主義的實行計畫。　反對他們的人有時也說，關於地方事業的活動，擴充很快，進步很大，多半是由於他們的努力。　社會民主黨人已經知道致力於地方事業是很有價值的，並且幾乎是無窮盡的，所以他們愈加注意。　黨中特別發行一種報紙，名爲市府的實習（Kommunale Praxis），這種報將關於地方政府各種組織的事件，報告他的黨員，並且教訓他們應當怎樣去做。

社會民主黨對於本國所具的態度，近來已經改變了。　他們從前以爲在資本主義的制度之下，無論資本主和執政者是德國人，俄國人，或英國人，對於一般工人沒有什麼關係，現在他們的意見却不是這樣的。　柏白爾也曾經宣言，當祖國從事於防禦戰爭的時候，他預備加入，黨中還有一個議員，在國會中宣言用武裝保護本國，他的言詞比柏氏還要更進一步，然一千九百零七年黨中所開的常年大會並不肯因此責備他。　現在拉塞爾的精神已經戰勝馬克思了。　這一黨雖仍然是以努力維持國際間和平和善意見稱於世，他雖仍然是反對軍國主義，並且不承認政府擴充海陸軍的要求，但是據他的形勢看起來，他已經不十分傾於世界方面了，最近十年中，他這種態度尤特別顯著。

德國社會民主黨人大成功的密訣就在他們能夠將理想和實行熔化於一爐。　他們的頭雖有時在星辰之中，然他們的脚總時常是站在堅固的地面之上的；他們中間雖有許多人仍然相信馬克思的荒唐之言，以爲資本主義到了最後，忽然崩潰，社會主義便蓬蓬勃勃起來了，然他們却從來沒有藉「除掉社會主義之外，沒有一樁東西是有用的」這句話爲口實，不肯熱心去研究現在一切問題。他們因征服政治上的勢力，所用的方法非常之多，他們一心一意要使他們所成就的事業，和拉塞爾所說的爲時運所迫加於工人階級的大使命相等，所以他們中間有好幾千人都和卞斯天一樣，以爲「社會主義運動是很要緊的，而這種運動最終的目的是無關輕重的」。他們這種運動是因政治的，經濟和，和社會的解放而起的一種繼續不止和範圍很廣之爭鬥，他們在這種爭鬥之中，漸次以他們所得的經驗爲標準，去代替他們的抽象的理論。他們在這種運動之中，因和他們的反對黨及各種障礙物繼續宣戰所得的敎訓和折磨，遂產出一種自尊的，自信的，和有意志的民主主義，當這種主義得到政治上的權力之時，他一定知道小心謹愼使用這種權力，去完成一種極大的事業，就是將德意志帝國變成一種通力合作的共和國。

我寫到這裏，柏白爾於一千九百十三年八月十三日忽然死於瑞士的惡耗傳來了，於是德國社會主義史的第一章便告結束。柏白爾葬在齊利池，當時特舉行一種國際遊行會，替他送葬，歐洲各國各有好幾百個代表參預這種遊行會。在馬克思的同事和同時的人中，他是最後死的一個人：在生人之中，只有他從社會主義運動起首的時候，便當一個首領：自從里布奈西死了以後，只有他們就是社會民主黨中第一個人物，再沒有人能夠和他相匹。　他在國會和全國中所處的優越之地位，沒有一個人能及他，也沒有一個人訾議他。

柏白爾在社會民主黨所居的地位，須略爲說明。　他是主張本黨統一的，黨中大多數的「激烈派」所以不取極端的手段去對付反抗他們的修正派，就是由於柏氏的勢力足以制止這種舉動的緣故。　但是他也相信歷來的教訓和格言，他一生反對本黨正式改變政策。　黨中人因爲要尊敬老前輩，所以他說的話便和法律是一樣的。　然他對於黨務並沒有深蔽固，拒絲毫不肯變更。　我們曾經說過，這一黨在實際上久已棄了向來所抱的各種原則，而柏白爾做這一黨的首領，也贊成臨機應變，作種種的讓步。

社會民主黨的常年大會是同年九月在則納（Gena）開會的，正是柏白爾死去幾星期之後，此時黨中的情勢已經大有改變，不久大家都知道這件事了。

這一黨現在在實際上分爲三派。　除掉「激烈派」和修正派以外，還有一個穩健的中央派(The solid centre party)，中央派代表社會民主主義，服務的人員，和服從指揮的人三項組織。 中央派是很主張統一的，他對於其餘兩派中各走極端的人，都竭力制止他們的行動。 他既不贊成激烈派所抱的很舊的信條，又不和修正派聯合，宣言廢棄這種信條，但是他對於修正派臨機應變的和可以實行的政策，却予以援助。 然激烈派自己又分成兩派，因爲他們內中嚴格的馬克思派反對工團主義的學說和總同盟罷工，而激烈派中一班不十分涉於空想的人，又喜歡一種轟轟烈烈的政策。 現在社會民主黨所爭持的問題有二，一應用總同盟罷工作阻戰爭的方法，二他們這一黨雖反對增加軍隊，然他們可以通過一種加於富人的戰爭稅。 「激烈派」對於第一個問題的主張爲三百三十五票對一百四十二票的大多數票所敗，對於第二個問題的主張又爲三百三十六票對一百四十二票的大多數票所敗， 自柏白爾死後，歐柏特(Herr Ebert)繼起做社會民主黨的公共黨魁，歐氏本屬於中央派，他的爲人是很穩健的：他有一位同事叫做哈瑟(Herr Haase)，這個人本是一個極端的激烈派，但是他近來已經改變了態度，趨於溫和一邊。

德國現在似乎是已經走入各國所同走的路綫內，並且已經明白承認社會主義的方法不是一種革命，不過是一種進化罷了。

法蘭西

法國當一千七百八十一年至一千八百七十一年之間，政潮迭起，以致國內不能組織和英國各黨一樣堅固的黨派，兩在英國有兩大政黨具有二世紀甚至於三世紀的歷史。以私人爲主而組織黨派的制度，在法國社會主義運動中，和在法國共和主義運動中一樣，已經盛行了，自法蘭西第二帝國傾覆以後，社會主義的歷史半是紀載許多領袖人物組織各種黨派，有時互相分離，有時互相合併，有時又由合併而分離。

自一千八百七十一年巴黎地方自治團失敗以後，一時法國社會主義者或被放逐，或處死刑，蓋司德(Jules Guesde)自少年時代就加入社會主義的運動，他也判處五年監禁，但是到了一千八百七十七年，他却從放逐地回來了(他本定了徒刑，他自願改爲流刑)，並且創辦一種新聞紙名爲平等(L' E'galit')，鼓吹馬克思主義。蓋氏是一個很猛烈的煽動家，到了一千八百七十九年，有一個工聯在馬塞伊(Marseilles)開會，大家都採納他所主張的馬克思學說，並且將他們的會改稱爲「社會主義工黨」(Docialist Labour)。 但是當一千八百八十一年選舉時，這一黨失敗了，至一千八百八十二年黨中開常會的時候，蒲維斯(Paul Brousse)另行組織一個能行派 (a party of Possibiliots)，將蓋司德和拉法格 (Paul Lafargue)所統率的馬克思派趕出來了。 自一千八百九十年起那幾年之間，法國共有五個社會主義派，除掉上面所說的兩派外，還有一個爲阿列馬尼(Allemane)所統率的第二能行派(The Second Possibilist Party)，一個維持老煽動家布浪葵學說的布浪葵派 (The Blanquists)，和一個獨立千派(a group of Independents)，密列蘭，和柔萊(Gaures)兩人都屬於這一派。 當一千八百九十三年選舉的時候，社會黨人差不多共投五十萬票，選出國會議員四十八人。 柔萊於一八百八十五年以一個激烈派人的資格，第一次當選爲國會議員，但是到了一千八百八十九年，他失去議員的位置，至一千八百九十三年，他變成一個社會主義家，自此以後，他在法國是一個極重要的首領，近幾年來，他在國會中是一個極有勢力的議員。 他生於一千八百五十九年，所以他此時仍然是在壯年時代。（按已於歐戰將發時因主張非戰被刺）他起初在某學校當哲學教授，後又當人道（L' Humanite）日報的主筆，一連有好幾年，這種報是提倡社會主義的，柔氏的爲人，精力是很强壯的，他在法國演說家和雄辯家中，是一個最漂亮的人物。當一千八百九十八年「特列佛案件」發生的時候，柔來即竭他的全副精神，出來主張公道，有大多數社會主義者也跟着他抵抗武人派，但是蓋司德和他的黨徒反對社會主義者干涉社會主義以外的事體。當密列蘭應瓦爾德盧梭（M. Waldeck-Rousseau）之請，加入瓦氏內閣的時候，柔來也贊成他的行動，於是各黨間的協作運動遂告終止。

一千九百零四年國際工人協會在阿姆斯特丹開會，他們大部分的功夫都費在考慮密列蘭所行的政策上面。柔萊首先幫助密列蘭而柏白爾却立於反對的地位，畢竟得到會中的同情。歐洲大陸一般社會主義者對於國際公會的議决案差不多看做命令一按，柔來採納公會的議决，到了一千九百零六年，現今的「統一社會黨」（Unifisd Saeialist Party）便成立了。但是各人所具的各自爲羣的精神仍然是仍存在的。所以這個統一黨實在不十分統一。

當一千九百零六年法國選舉的時候，統一社會黨共投八十七萬七千九百九十九票，選出國會議員五十四人。到了一千九百十年這一黨的投票額增至一百一十二萬五千八百七十七票，共選出七十六個國會議員。自此以後，他的國會議員名額又減至七十一人。此外，國會中尙有幾小羣「獨立社會主義派」，(Indenpendent Sooialists)，和「共和社會主義派」(Repu-blican Sooialists)，並且還有二百多個激烈的社會主義者，他們比較普通一般社會民主者的行動還要更加激烈些。

至一千九百十二年統一社會黨有如期納費的黨員六萬三千三百五十八人，欠費不繳的黨員約二萬人，黨中收入，當一千九百十一年之時，共六千三百八十金磅，內中有一大部分是從每個議員的六百金磅新水中抽出四十八磅，集合而成的。一千九百十二年有五千五百三十個社會主義者在地方選舉中獲得勝利，共有二百八十二處地方是在他們管理之下。法國地方議會除掉巴黎和里昂以外，都是採用全票選舉制度的，(Elected by lists)，所以一班社會主義者如果在選舉中占得勝利，便可以布滿全議會。他們在巴黎地方議會八十個議席中占有十五個議席。　但是法國地方行政機關受中央政府各官吏嚴重的支配，而地方一切事務，除喪葬以外，差不多都是爲各團體所經理的。

社會主義在法和在德國一樣，顯然是一種很重要的要素。　然法國社會主義不像德國社會主義那樣顯著，因爲他不和德國社會主義一樣，集成一個單一有力的中央機關，時常去恐嚇政府，並且公然反對君主政治。　法國社會主義與其說他是一個黨派，不如說他是一種原則。　他在一方面變成工團主義和無政府主義；而在他方面又變成急進主義(Radicalism)和共和主義(Repnblicanism)。　統一社會黨以前的黨員布良已經做了國務總理；還有兩個黨員也做過國務員；黨中首領在柔來在法國差不多是一個最卓絕的人物，他在國會議員中的確是一個最有勢力的人。　法國現時最大的著作家是佛朗司(Anatole France)，他是一個社會主義家，並且很熱心於他所抱的主義，時常竭力鼓吹。　照這樣看起來，法國社會主義的勢力不能以計數的選舉票和黨捐兩樁事去相測度。　這種主義是全國智識生活和政治生活中一整部分。

比利時　(Belgium)

歐洲近幾十年來，沒有一國的社會史比比利時的社會史還更饒趣味。　也差不多沒有一國的工界像比國工界一樣，受那種難以名狀的痛苦。　好幾世代以來，比國工人毫無知識，

據一千九百零二年的調查，比國不識字的人約占百分之一〇•一，而英國不識字的人占百分之三•七，德國不識字的人只占百分之〇•〇七•

作工的時間極長，工價極廉，他們既沒有政治上的權利，又沒有一點組織，所以他們常被壓制。　然最近幾十年來，他們却已經奮起了，這是一樁可驚的事實。　比國社會主義運動是以組織堅固和包羅宏富兩點著名。比國工黨是一千八百八十五年成立的，他的目的是在取得政治上的權力，去抵抗一般壓迫他們和利用他們的人。　汪德威爾德(Vandervelde)是這一黨的大首領，他說，比國工黨具有圍繞他的三個大國的種種特點，汪氏這句話是很對的。　比國工黨從英國採入他的協作和自助；從德國採入他的政治上的策略和根本上的原則；從法國採入種種理想的趨向。　這一黨活動的範圍既廣，他所採納的方法又多，因此便使他的基礎愈加鞏固了。　但是這一黨所以不致於自相分離另外還有一種要素存在。　比國自一千八百八十四年以來，就是保守(天主教)派執政，一班社會主義家還是維持一個和他們稍微接近的自由派或急進派的政府在位，或還

是使他們的嫌怨最深的仇敵執政當權，他們對於這兩樁事從來沒有選擇的餘地。

比利時國會是由一百六十六個議員組成的，工黨於一千九百年在國會中占三十三個議席，一千九百零二年占三十四個議席，一千九百零四年占二十八個議席，一千九百零六年占三十個議席，一千九百零八年占三十四個議席，一千九百十年占三十五個議席，一千九百十二年占三十九個議席。　當最後這一期，十年重行分配議員名額一次之事已經舉行，國會議員名額增至一百八十六人。　然那些宗敎徒當上次國會解散之前，在國會中比別的多數派不過多占六個議席，而這一次所增加的名額，差不多都爲他們所壟斷，他們現在在國會中竟占了一百零一個議席，這眞是一樁出乎意料之外的事體；自由黨人仍然是據有四十四個議席，和以前一樣，此外還有兩個耶蘇敎民主黨議員。　比國現在所爭持的問題就是選舉制度，因爲比國是行重票選舉制的，一般地主，大學畢業生，和家長等在選舉中每人可以多投三票。

比國工黨久已和自由黨人互相聯絡，而這一次選舉，他們兩黨中候選議員的名單都是合在一起，互相投票的：社會主義者投票總數大約有六萬，然想精確計算起來，却是不可能的。

比利時黨派界限非常明瞭，而自由黨人和社會主義者當選舉時公然聯盟，或者就是因爲這個緣故，德國各黨的情形和比國各黨相似，所以當選舉時公然聯盟之事也是盛行的，然在英國，工黨和自由黨的界限在實際上不十分明瞭，他們兩黨的選舉票是時常互相交換的，而公然聯盟之事却是極端否認的。 比國社會主義者以後在選舉中的歷史，將於記載總同盟罷工各節中，附帶說明。

我們現在須回轉敍述比國社會主義運動的特點，就是，他的協作的大組織。

比國社會主義者在不律塞，干城（Ghent），和別的城鎮地方已經有了許多以協作的工業爲基礎之社會，這種組織可以說是世界社會黨中一種最特別的，和最有成效的事業。 這種社會是一千八百七十三年安錫雷(Edouard Anseele)和他所統率的一羣工人在干城開始組織的，安氏當那個時候，是一個排字匠，到了現在，他是一個國會議員，他對於這種機關仍然是實行參加，熱心贊助的。 他們原來因要和當時高價的麵包相競爭，遂共同組織一個協作的麵包製造所，初起所得的利益都專用作增進工人境遇之用，如增加工人的工資，和減少他們的工作時間等等。　到了一千八百八十年，由這種麵包製造所又產生一種有名於世的「沃羅特」（Voornit）當這種「沃羅特」出現於世的時候，起初的資本是兩金磅，十六先令，三辨士。　他們以這種很少的資本起首營業，現在却已經造成一種大規模的複雜營業和社會生活，而這種複雜營業和社會生活眞是比國協作運動中一種特點。　現在這種「沃羅特」的本部是干城最華美的建築物中之一種。　「沃羅特」中有許多發賣零細貨物的商店，有一個中央咖啡館，內中可容三百人，在這裏面是沒有酒出賣的——麥酒却不當作一種醉人的酒類——此外還有一個圖書館，共藏書三萬三千卷，這些書都是預備借給會員看的；這個「沃羅特」就是比國工黨的大本營，所有各種工聯和友誼會所需的辦公處都預備全齊，並且還備有極大的病人俱樂部，和別的機關，他的會員共有三萬人。　比國協作事業是以製造麵包和發賣麵包爲主要的營業。　每星期所做的麵包的數目在十萬塊以上。　麵包製造所製造麵包所用的方法，都是最新式的。　他們這個製造所裏面又有一個釀造所，一個煤炭貯藏所，七個藥棧，六個衣服店，六個靴店，二十三個雜貨店和三個咖啡館。　此外還有一個印刷局，好些製棉花工廠，製家具工廠，和一個儲蓄銀行，不是受這個麵包製造所的支配，就是和他有密切的關係，至於他的別種社會上的活動，簡直是算不淸楚。 後來他又立一種養老銀制度，凡曾當會員二十年而年滿六十歲的人，都可以領取這種津貼銀，每星期自兩先零起至四先零九辨士止，每人領錢的多少，是依照他當會員時所買的貨物之分量計算的，這種養老銀的總數，當一千九百十二年的時候，差不多達二千三百金磅。

一千八百八十一年工黨在不律塞開始建築一個民衆住所(Maison du Peuple)，現在這種建築物是國際社會主義的大本營，他的形式和「沃羅特」是一樣的，不過規模更大一點罷了，至一千九百十二年，他有三十六個支部，六個附屬住所，這些住所裏面有咖啡館，事務室，三個麵包製造所，每星期製出麵包二十一萬一千個，此外還有六個屠宰場和別的機關。 當一千九百十二年的時候，這個民衆住所有會員二萬五千人，傭工四百五十八人，定期存款二十六萬金磅，他所有的財產也要值十四萬金磅。

他們這種營業所得的利益，有一大半(約一萬八千零七十五金磅)又作爲利紅，分給買物的人，在實質上這是和英國所通行的洛芝得爾計畫(Roohdale Plan) 相同的，不過這種分配方法還要更加複雜、凡買麵包一塊，可分得紅利三生的 (Centime)，買雜貨的可分得紅利百分之六，買布疋的，可分得紅利百分之五。 會中因預備麵包，供結生病的會員所費的金錢，共八百四十六磅，因施給會員的藥品所費的金錢共四千三百零三磅，而帮助會員作政治運動所費的金錢共三千四百四十八磅，這種運動本來還有一種實質上間接的援助，如供給工聯主義者和社會主義者的事務所，會議，及評議會所需的一切用品之類。

總之，這種協作制度將比國工黨結合成為一個很堅固的團體。 英國的職工利益 (trade benefits) 已經使英國的工聯成為一種穩固和富足的機關，而比國的協作社會 (Co-operative society) 也已經使比國的工黨根深蒂固，在世界各國中，除德意志外，沒有能和他相比較的。

意大利 (Italy)

意大利就大體講起來，是一個農業國，而他的南部居民尤特別毫無教育。 意國選舉權僅限於受過教育的人，所以國民中只有百分之七有投票權的（選舉權近來已經擴充了，選舉員已經由三百三十一萬九千人增至八百六十二萬九千人。所以一千九百十三年十月的意國選舉是非常重要的。）在英國有選舉權的人占國民全體中百分之十七，在法國有選舉權的人占國民全體中百分之二十七，而在澳洲有選舉權的人占國民全體中百分之五十四。意國北部農民所組織的協作社會和工聯，在各國農民中沒有能夠及他的；然南部農民却陷於一種貧困，屈服，愚昧的狀況之中，照他們的情形看起來，差不多還是一種中古式的樣子，然無論在什麼地方，他們中間區域之見，和妒忌之心，却非常利害。

意大利社會主義史和法蘭西社會主義史一樣，內中所記載的事實都是關於黨派的競爭，時常是幾派設法互相聯合，不久又彼此破裂，互相爭鬥。

意國社會黨至一千八百九十二年在基洛亞(Genoa)開會，才確切和無政府主義分離，另外組織一個機關。

當一千八百九十二年國會選舉的時候，社會黨的投票總數不過二萬六千，然他却選出六個國會議員。以後屢次選舉，他的投票額增加非常之快，到了一千九百年他的投票總數有十七萬五年，共選出國會議員三十二人。　當那個時候，他和國中激烈派及共和派互相結合，他在選舉中占得勝利，也半由於這個緣故。　當一千九百零四年選舉之時，他的投票額共有二十二萬，但是僅舉出二十七個國會議員。　到了一千九百零九年，他的選舉票共有三十三萬八千八百六十五票，所舉出來的國會議員共有四十人。

意國社會黨共分三大派：曲例笛（Turati）是改進派（A Party of Reformists）的首領，他相信政治上的活動和進化的社會主義。　拉不律阿拉（Arturo Labriola）是極端派（Extremists）的領袖，他於一千九百零七年脫離這一派，另外組織一個工團主義派。　費律教授（Professor Ferri）是集合派（Integralists）的首領，這是一個執中派。　當一千九百零六年的時候，社會黨三十個國會議員因內部相爭，大家都相率辭職，然他們中間却有二十五人再當選爲國會議員。　在同一年內當這一黨開常年大會之時，一班社會主義者，以二萬六千五百四十七票對五千二百七十八票的大多數票，將那些工團主義者打敗了，他們遂和社會黨脫離關係。　但是黨中修正派和馬克思派仍然是互相爭鬥的，當一千九百十年在米蘭（Milan）

開會的時候，由列甯派以二萬一千九百九十四票對六千零五十四票的大多數票制勝拉薩律（Lassari）所統率的修正派，又以二萬一千九百九十四票對四千六百二十四票大多數票打敗費律所統率的集合派。

意國社會黨因爲居律撲里(Tripoli)戰爭，又引起內部的爭鬥。 當時一般社會黨人本來是擁護政府的，但是他們中間大多數人經過一度遲疑之後，都改變態度，不復維持政府了。於是畢索拉提(Bissolati)和少數黨人都被逐出黨外，自此以後，他們自已遂組織一個改進黨，共有黨員一千人。 費律本來是贊成居律撲里政策的，後來到了一千九百十二年，他也辭去國會議員一席，但是他又因無黨派關係，復當選爲國會議員。 費氏是社會黨一個著名的領袖人物，他所著的書極多，許多年以來，他是一個反對溫和派的人（Opponent of the moderatesection） 現在他脫去黨派關係，足以證明社會主義運動中，內部自相紛擾，是一種極大的危險。

意國社會黨是由中等階級組成的，還是他的特點。 凡世界各國社會主義的首領大概是受過大學教育的人，或是屬於職業階級的人。　但是在意大利國中，據一千九百零四年的調查，社會黨會員中只有一少半是屬於手工階級的人。　在別的國家內，社會黨人中也有許多科學家，文學家，詩人，和技藝家，而在意大利國中，當日最著名的著作家都屬於社會黨。

種種工業上的擾亂，流於暴動的同盟罷工，暗中企圖的總同盟罷工，和別種意外之事，已經時常出現於意國社會黨的歷史上，但是這些事不過在當時頗爲重要，過去之後就沒有什麼多大的關係，所以我們也不用將他詳細敍述出來。

奧匈國（Austria-Hungary）

佛蘭西斯（Francis）皇帝卽位以來，已經有了好幾十年，有許多人的記憶力恐怕不能經過這樣長久，他所統治奧匈國，內容是很複雜的，我們要想將這一國各社會主義黨派的事實詳細敍述出來，那就非專有一章不能辦到。

奧大利的社會黨是由一千八百八十年起那幾年之間組成的，但是因奧國選舉權限制極嚴，所以當一千九百零一年選舉的時候，只有十個社會黨人當選爲國會議員，　當一千九百零五年俄國允許立憲的消息傳到奧國，引起國民的大熱忱，於是大家要求改良選舉制度，非常迫切。　國會於十一月二十八日集合開會，工人階級遂徧告全國，定這一天爲紀念日；到了這一天，工人階級到處開會在維也納有二十五萬人舉行遊街大會，手執紅旗，往來於議院門前。　到了一千九百零六年七月，工界預備舉行一種總同盟罷工，以三天爲期，但是政府的恐嚇手段很足以制勝這種難關。　一千九百零七年一月，國會畢竟通過一種法律，允許凡年滿二十四歲的人都有選舉權。

奧國國會議員額共有五百十六名，當這一年五月選舉的時候，社會黨人占八十七名，而社會黨投票總數共一百零四萬一千九百四十八票，差不多占全國投票總額三分之一。　耶蘇教社會黨以七十二萬二千三百十四票奪得九十六個國會議席，但是他們極竭力反對社會民主黨人，並且他們的社會主義在性質上是很可疑的。

到了一千九百十一年社會黨人的選舉票雖比較從前加多了，但是他們在國會中却失了五個議席，現在共占八十二個議席。　他們的失敗是在各鄉村選舉區域：他們在維也納所選出的議員比較從前還加一倍，維也納的國會議員額共三十三名，他們却占了二十名。 不幸奧國中種族的爭鬥擴充至於社會黨人的中間，這一黨以前本是聯成一氣的，現在在國會中却分爲三派——一，德國派，有國會議員四十七人，二，波希米派(Bohemian Group)有議員二十六人，三，波蘭派，有議員八人。 阿爾德博士(Dr. Victor Alder)是一個多年著名的奧國社會主義家，現在被他們大家承認爲全黨的首領。 這一黨共有兩個組織體：一個是奧國社會民主工黨(Austrian Social Democratic Labour Party)，他的本部在維也納，他宣言有一千三百六十九個支部，會員共十四萬五千五百二十四人，另外一個是捷克斯拉夫社會民主工黨(Czech-Slav-S. D. Labour Party)，他的本部在布拉哥 (Prague)，有二千四百七十三個支部會員共十四萬四千人。

奧國省區議會的選擧權仍然是有種種限制的，但是社會黨人在八個省區議會中共占三十一個議席。 他們在地方議會中當議員的人，共有三千二百八十一名。

匈牙利人兩世以前因爭政治上的自由，得到勝利，遂引起英國人爭同一自由的熱忱，他們現在却不喜歡充分應用他們所抱的各種原則，因爲以前他們爲了這些原則都是受過苦惱的。匈牙利工人階級有選舉權的人不到百分之四；每天法定的作工時間是十六點鐘；凡同盟罷工都視爲不法的舉動，而各工聯只可作爲一種聯絡友誼的社會，幾年以前，有三百五十四個工聯都被政府解散了。 還有一層，政治上的集會結社是爲法律所不許的，工人要想有一種組織，只能夠託名於一種友誼的社會。 一班社會黨人所做的事體大半是煽動大家舉行遊街大會，要求改良選舉制度。 他們大概有三百個團體，五萬個會員，三萬金磅的進款。 他們這一黨有一種日報，和許多星期週刊。 他們雖不能在國會選舉中和別人競爭，然他們在地方議會中却已經有了一百三十六個議員。

北美合衆國 (The United States of America)

美國社會主義在十九世紀的初年，尙取一種共產的形式，他的歷史是很複雜的，並且是很奇異的，但是我們也不用停在此處多說。 在合衆國中，一直到近幾年來，凡才能很平庸的人都可以在社會主義運動中活動，每個美國工人至少也可以希望從事這種運動，沒有不適當的地方。　就是到了現在，這種情形大概還沒有改變，美國社會主義多半是外國輸入的，第一因爲這種主義是由一班移居美國的外國人帶來的，第二因爲美國下等勞動階級有一大部分是由這些移居的外國人或他們的子孫組成的，所以他們熱心於這種事業。　當一千九百十年的時候，美國社會黨有五萬八千另十一人，內中有百分之七十一是出生於美國的人，但是在早前的時代，外國人在這一黨的比例數或者要更大些。

美國南北戰爭將一千八百四十八年的德國亡命之徒在這一國所培養的社會主義的萌芽踐斷了：一千八百七十二年，國際工人協會將他的本部移到紐約，他的末次會議是一千八百七十六年在費拉得爾費(Philadelphia)開會的。　到了一千八百七十七年，有一個社會主義工黨(The Socialist Labour Party)成立了，他現在仍然是存在的。　這一黨是講嚴格的和激烈的馬克思主義的，他僅固執馬氏學說的字面，而不顧馬氏學說的精神，他又不知道採納一種適合美國循境的政策。　以後幾年，他專門和一班無政府主義者互相爭論，直到一千八百八十七年無政府黨破裂了才止，當時無政府黨有許多首領在芝加哥爲政府當局所殺，大家都把這樁事看做一種司法上的慘殺。　到了一千八百九十二年，社會主義工黨提出一個候選總統的名單，他的投票額有二萬一千五百十二票，至一千八百九十八年又增至八萬二千二百零四票。　然這一次選舉票總額共有一千一百九十六萬九千二百九十一票，所以這一黨在政治上是不足輕重的。　美國勞働界已經組成兩個大團體：一個團體是勞働黨（The Knights of Labaur），這是最早的一派，大約一千八百八十六年是他極盛的時代，當時他有黨員五十萬人，然自此以後，他便逐漸衰落，終至於消滅了。　還有一個團體就是美國勞働聯合會（The American Federation of Labanr），他是繼勞働黨之後而起的，他的組織和英國的工聯是很相似的，他在美國現仍是一種最有勢力的機關。　社會主義工黨和這兩個團體有時互相聯合，有時互相爭鬥，而在這兩個團體中間，爭鬥之事是很多的，並且所歷的時間是很久的。以後社會主義工黨內部也非常紊亂。　這一黨不能夠再維持下去，一班黨人要設法另行組織一個黨去代替他，但是一時沒有弄成。　然當一千九百年選舉的時侯，社會黨人的投票額增加至十三萬一千一百二十二票，到了一千九百零四年因為有一個社會主義派已經成立了，於是社會黨人的投票額又增加至四十四萬二千七百六十六票。

一千九百零一年，有人組織一個混合團體，名爲社會主義派，這一派畢竟在美洲創造一個很堅固的社會黨。

當一千九百零八年國會選舉的時候，社會黨的投票額又減至四十三萬八千三百另八票，然到了一千九百十二年他的投票額又增至九十三萬另五百八十七票。　在這幾年之中，社會黨提出兩種候選議員的名單，他們所得的票數，就如上所舉，但是社會主義工黨候選者於一千九百十二年僅投二萬八千七百五十票。　這一年投票者總數共有一千五百另三萬四千八百人，所以社會主義在美國比較在別的工業國家要衰弱得多啦。　澳洲工黨時常支配全國，而美國工黨現在還不能夠選出一個議員加入國會。　柏格爾 (Victor Berger) 是下議院中第一個社會主義的議員，他於一千九百十年代表密爾瓦給(Milwavkee) 當選爲議員，但是到了一千九百十二年，他復失去議員的位置了。

美國社會主義派當一千九百十二年的時候，有會員十二萬五千八百二十六人，日報十三種（英文報只有五種），和月刊十二種（英文月刊十種）。這一派的政策和以前的團體相比較，近於能行派，他的政策是一種建設的政策，但是他似乎是過於重視德國一班開創社會主義的人書中的意見。 有好些耶蘇教派時常根據聖經去證明他們的各種行動爲正當，而美國社會主義，也根據馬克思的學說去證實他們關於政治上或經濟上的提議是不錯的。 馬克思的著作既非常之多，必定有許多地方是不甚合乎正道的，但是人類的經驗從中國起至格拉芬(Clapham)止，已經明白指明出來了；人類的智能是被「沒有一個活的思想家能夠勝過一個死的思想家」這種緘默的假定之詞所妨疑，使他不能夠發達了。

在合衆國中，勞働界組織的困難顯然是很大的。 合衆國自然是一個國家，但是他的工人所用的語言却多至十幾種，他們所抱的社會上遺傳的信仰也各大不相同。 他是由五十二邦聯合攏來的，每一邦關於大多數的社會法令都有自決之權。 他的面積是很大的，就是他的人口也不算少。 歐洲各國拋了他們的大資本已經專向國家方面發展。 美國則分心於國內各種事業，沒有功夫兼顧別的方面。 但是我們現在不必多說這些事，我們務必再轉到美國社會主義運動的歷史上去。

美國社會主義派現在正努力使他自已得爲政治中一種要素，這樁事頗有成效。美國地方政府一切行政多半以地方議會爲轉移，而在每邦和每城中，總是這一黨或那一黨當權占勢的。當一千九百十年的時候，社會主義派據有密爾瓦給那個重要的城鎭，遂選柏格爾當國會議員，選舉一個市長，他們處理此處一切事務都非常公正。到了一千九百十二年，別的黨派聯合攏來，將他們這一派打敗了。他們在別的小地方也得到過同一的效果。後來社會主義運動便爲一班工團主義者的競爭所擾亂，工團主義者的歷史將於別一章中說明出來。

斯巴哥(John Spargo)和亨特(Robert Hunter)在美國社會主義運動中是很著名的人物，他們的著作出世，讀的人是非常之多的。除掉社會黨人之外，亞里教授(Professor R. T. Ely)，不洛克(John Graham Brooks)和許多別的人久已著了好些表同情於社會主義的著作物。美國現時各大學校學生中有許多是社會主義者，這些人中間還有許多是在德國各大學得過學位的，當一千九百十年的時候，各校社會主義社(Iter-collegiate Socialist Society)

只有十個支社，到了一千九百十二年的年中，便增至五十二個支社。

美國社會主義者很喜歡應用民主主義的種種最新的方法，然這些方法不能說是無論在那一種境遇之中都是最相宜的。　他們對於一切黨務，都是用複決制(referendum)解決的，凡會經舉出的職員隨時可以由大家取消的。　有一次他們應用複決制決定他們所持的政策，這樁事頗關重要，現在我們可以將他紀錄出來。　一千九百零九年，他們將主張「所有各種土地」都爲集產這一句話，從他們的黨綱中刪除了。　他們的總綱裏面說「社會主義派」對於別人存掠奪或投機的目的而據有土地的事，竭力阻止。　他要求土地當爲集產，須達到目的才止。　如果人民有土地，能夠誠心誠意使用這種土地，並沒有存掠奪之念，他也不加反對」。

這是一種重要的宣言，倘若美國一般社會主義者對於各種問題都具有這樣的精神，那麼，我們可以希望在將來進化之中有一種眞實的美國社會主義出現。　美國前大總統羅斯福（Roosevelt)和他的黨徒所持的政策已經最近於這種社會主義，他們用「國家保藏」(National C

O-nservation)這個好名稱將他們的政策說明出來了，這種「國家保藏」包含眞正集產的要求在裏面，就是，國家的進款應當保存作爲公衆之用，不使私人攫爲己有。

荷蘭 (Holland)

荷蘭社會民主工黨(The Social Democratic Labour Party)直到一千八百九十四年才宣告成立。當一千八百九十七年國會選舉的時候，這一黨共得一萬三千票，在國會一百個議席中他占了三個。到了一千九百零一年，他得到三萬八千二百七十九票，選出七個國會議員，此外還有一個獨立的社會主義議員。至一千九百零五年，他得到八萬二千四百九十四票，選出議員七人；到了一千九百十年他得到八萬二千四百九十四票，但是在國會中仍然只占得七個議席。當一千九百十三年六月選舉的時候，社會民主工黨在國會中得到十八個議席，較前增加十一名額；自由黨人得到三十七個議席，較前增加四名額；而保守派得到四十五個議席，較前失去十五名額，他們現在國會中成了少數派。社會民主工黨因國際社會主義局(The International Bureau)的勸告，遂由大多數議決不加入內閣，到了同年八月他們開一個特別評議會，以三百七十五票對三百二十票的多數票認可這種議決案。 然這一黨却將贊助自由黨內閣。

荷蘭社會主義運動中一種有趣味的特點，就是技術界和智識界都表同情於這主義。 無政府主義在荷蘭已經有了極大的勢力，這大半是由於紐溫蓄斯（Domela Nieuwenhuis）個人人品的關係，紐氏於一千八百十八年當選爲國會議員，他由極端的革命主義轉入於無政府主義。 他以前許多年都隱居不出，但是他仍然辦了一種報，名爲自由的社會主義者（Frei Socialist），每星期出版兩次。 一千九百零八年，有一個激烈的馬克思主義派名爲社會民主黨（沒有「工」字）和社會民主工黨脫離關係了，但是當一千九百十年的時候，這個激烈派在選舉中競爭四次只得到五百四十二票，到了一千九百十三年國會舉行補充選舉，他只得到二百一十七票，而社會主義家撲拉克（Henry Polak）却得了四千八百三十一票，占得勝利，撲氏是金剛石工人黨（Diamond Workers）的祕書。 當一千九百十二年的時候，社會民主工黨有一百七十六個支部，和一萬三千九百六十八個會員。 他的確是一個「修正派」，他的政策是注重建設一方面的。

這一黨有一種日報，十四種週刊，還有七種別的定期出版物。工聯在荷蘭是很有力量的，但是有許多地方却帶了工團主義的彩色。比國式的協作運動在荷蘭是很流行的。

芬蘭 (Finland)

芬蘭雖是俄羅斯國的一部分，然他自已却有一種憲法，近幾年來，俄國政府正在設法破壞他的憲法，但是他仍然沒有受過專制政治中最烈的禍害，並且他的國會在歐洲中是一個唯一無二的國會，因爲在他的國會中婦女的權利和男子的權利是相等的。

芬蘭工黨是一千八百九十九年組成的，到了一千九百零五年，這一黨遂首先發起一種強迫俄皇恢復芬蘭憲法的運動，這種憲法是根據極端的民主主義爲基礎而修改過的。芬蘭國會共有議員二百名，當一千九百零七年選舉之時，工黨舉出八十個國會議員（內中九個議員是婦女）：以後幾年選舉，他的議員名額略有增加，到了一千九百十一年，他選出八十六個國會議員，內中有九個女議員。至一千九百十三年八月國會改選，工黨的議員人數增至九十八人，此外國會中尙有四黨，有一黨占二十九個議席，有兩黨各占二十八個議席，還有一黨占二十五個議席。在世界上澳洲工黨所持的普通政策是屬於社會主義的政策，然沒有一國的社會主義者在國會中所占的議席之比例數能夠有芬蘭的社會主義者在國會中所占的議席的之比例數那樣大。但是芬蘭和澳大利亞共和國却都不是一種獨立的國家。

芬蘭工黨有一種正式的組織，當一千九百十二年的時候，他的黨員共有四萬八千四百零六人，以前幾年因爲和俄國爭鬥，他的黨員大爲減少。這一黨的進款有九萬一千五百金磅；他有六種日報，和十種星期週刊。芬蘭是一個小國，他的人口略多於三百萬，他們大概都是以農爲業的，然社會主義運動在這一國內却非常得勢。

丹麥 (Denmark)

一千年以前，丹麥人克服英國，一直到現在這樁事仍然留下一種痕跡。丹麥君主立憲政體和英國君主立憲政體相似，而英國社會主義運動和歐洲大陸各國比較，只有丹麥的社會主義運動和他更相近。丹麥現在的社會民主黨是一千八百七十八年成立的，這一黨起初就是和工聯主義有關係的。他大概是由四百個政治的支部組織成的，共有會員五萬二千人，他和各工聯很相接近，這些工聯有會員十一萬二千人，如果將跨藉的會員都計算在裏面，大約有十二萬六千人。

丹麥的社會民主黨在下議院(Folkething)是很占勢力的。當一千九百另一年國會選舉的時候，這一黨共投四萬二千九百七十二票，選出議員十四人；到了一千九百零三年，他選出議員十六人；而在一千九百另六年。一千九百另九年，和一千九百十年三次選舉，他每次選出議員二十四人；到了一千九百十三年五月，他的議員人數增加至三十二人。末了這一次選舉，自由黨在國會得到四十個議席，激烈派得到三十一個議席，而保守黨只得到七個議席。社會民主黨人所得的選舉票最多，因爲他們共得十萬零七千票，而自由黨人只有十萬另二千八百五十票，保守黨人只有八萬五千票，激烈派人只有六萬七千三百票。丹麥王要求社會民主黨首領司托甯(M. Stauning)組織內閣，但是司氏却不肯應命，因由他這一黨不是絕對的大多數黨，並且黨員中對於激烈派領袖所堅持的改良選舉制度一事，都一致贊成，予以援助，這是和政府的意思相反的。 這一黨和激烈派攜手，也不是一種什麼新局面，在丹麥選舉中沒有第二次投票制度，當激烈派得勢的時候，社會民主黨在選舉中和國會裏，早已正式和他通力合作，互相幫助。 近幾年以來，選舉權問題是政治上一種主要的問題，而一千九百十三年選舉的結果，或將强迫上議院通過改良的議案。

社會民主黨人在地方議會中極占勢力，他們在地方議會當議員的共有一千零六十八人。一千九百十二年孔白海(Copenhagen)舉行選舉，投票總數共十萬零三千四十票，社會民主黨人得五萬零四百七十三票，他們在四十八個議席的議會中，占了二十一個議席，又在九個議席的高級議會中占三個議席，他們並且還舉出一個社會主義的市長。 他們有日報三十三種，銷數的總額共達十七萬份。

丹麥就大體講起來，是一個農業國，所以社會民主黨必已經過一次難關，造成了一種社會主義的政策，使他適合於一般農民的心理和需要。 農業上的協作，是一般小規模的個人生產者因特別目的而起的一種協作，在丹麥國中，這種協作已經發達到極處了，農業是這一國主要的實業，所以政府的政策是提倡農業上的協作去帮助農業發達，而社會民主黨也很贊助政府這種政策，他們所組織的協作社會是一種比國式的協作社會。

瑞士(Switzerland)

瑞士與其稱爲一個國家，不如稱爲一種國際區域。　他的國民中種族，言語，宗教，和風俗等是各不相同的，他的政體是一種聯邦政體，他缺乏一種有成效的黨派制度，他具有一種複决制和立法發議制(Initiative)，他並且無須要一種對外政策——這些特點遂使他在歐洲各國中成爲一種例外的國家。

瑞士社會民主黨是一千八百八十八年成立的，到了現在，他已經有了一千六百三十個支部，約有會員四萬五千人。　社會主義者在國會(議員額共有一百八十九名)中占十七個議席，內中有十個議席是一千九百十年以後增加的。　當一千九百十二年的時候，瑞士地方議會中議員共有二千九百零七人，內中有社會主義者二百十八人。　一千九百十三年，齊利池舉行選舉，社會黨人在此處議會中占四十九個議席，自由黨人占五十個議席，而民主黨人占二十六個議席。 社會主義在瑞士所散布的地方是不平均的。 他在各工業的城鎮中非常得勢：然有許多地方不過徒然存一個影子罷了。

我們對於許多別的國家的社會主義也要稍微說幾句。

一千八百九十四年，挪威(Norway)社會主義者在選舉中所投的票有七百三十二票。到了一千九百另三年，他們共投了二萬四千五百二十六票，選出四個國會議員；一千九百零九年，他們投了九萬一千二百六十八票，選出議員十一人；至一千九百十二年，他們的投票額加至十二萬四千五百九十四票，選出二十三個國會議員，他們這一次所投的票數占全額中百分之二十六分。 挪威國會是一種一院制，國會議員中除社會主義者外，保守黨有二十五人，激進派有七十五人、 社會黨人有日報八種和星期週刊十八種。 挪威工黨是一千八百八十七年成立的，到了一千九百十二年，他有八百九十一個支部，和四萬三千五百個會員。

瑞典社會民主黨(Swedish Social Democratic Party)是一千八百八十年組成的，到了一千八百八十五年許多工聯和他合併，成爲一個團體。　現在瑞典國會中領袖布蘭庭（Branting）一直到一千九百另二年還是下議院中一個唯一的社會主義者。　社會主義者在這一年所投的選舉票共八千七百五十一票，到年一千九百十一年他們共投十七萬二千九百八十票，他們在二百三十名額的下議院中，占六十四名額，在一百三十名額的上議院中占十三名額。　在這一次選舉之中，保守黨所投的選舉票十八萬八千二百四十七票，自由黨所投的票共二十四萬二千一百二十七票。　社會民主黨不肯和自由黨入組織一個聯合內閣，但是他却贊助政府。　他在地方政府中沒有什麽多大的勢力，因爲地方選舉權是以財產爲比例的。他的黨員共有五萬七千七百二十一人。　當一千九百另八年的時候，工聯主義者共有十八萬四千一百四十五人，到了一千九百十一年，因爲總同盟罷工的結果逐減至八萬二千五百三十八。

西班牙的社會主義現在還沒有多大的進步。　易格列色（Senor Iglesais）是社會黨著名的首領，和工人總會（General Workers' Union）的會長，易氏於一千九百十年當選爲國會議員，他是國會第一個社會主義家，也是國會中唯一的社會主義家。

西班牙社會黨和共和黨人互相聯絡，通力合作，據說共和黨人在名義上雖沒有社會主義的符號，然他們的意見却是傾於社會主義一方面的。

西班牙和意大利不同，他的社會主義大概是盛行於工界，而社會主義的主力也在一般工聯主義者裏面，這些人中間雖有一個工團主義派，然他們大半都是些社會主義者。社會黨大約有黨員四萬人，而工聯主義者共有十五萬人。

葡萄牙(Portugal)的國會中也只有一個社會主義者。葡國社會黨是一千八百七十五年成立的，現在有黨員二千五百人。這一黨有日報一種。他對於一千九百十年的共和革命非常贊成。

巴爾幹各國(Dalkan States)的社會主義者對於一千九百十二年至一千九百十三年的戰爭，採一種抗議的態度，這樁事自然惹起政府的憤怒和國民的怨恨。我現在執筆著書，這種戰爭才告結束，他及於社會黨的效力是怎樣的，現在還不能說明出來。

社會主義史　下卷　一四四

保加利亞(Bulgaria)的社會主義者分爲兩派，一個叫做「廣義派」(The Broad)，一個叫做「狹義派」(The Narrow)。 十二年以前，他們還沒有破裂，曾舉出七國國會議員，到了一千九百十一年，他們選舉六個議員(五個議員屬于「廣義派」，一個議員屬於「狹義派」)加入「大國會」(Grand Sobrange)，這種國會因修正憲法而設的。 這種「大國會」比保國常規的國會人數要增加一倍，當常規的國會在這一年後幾月舉行選舉的時候，社會黨人沒有選出一個議員。 但是到了一千九百十二年六月，他們却因補充選舉得到一個國會議席。 一千九百十一年保國國會選舉的投票總數共四十九萬另五百六十八票，而社會黨人占二萬五千五百六十五票。

塞爾維亞國會(Servian Skupstolina)共有議員一百六十六人，當一千九百十二年的時候，有兩個社會黨人當選爲國會議員。 塞國社會黨在十七個選舉區域中的六個區域內共投二萬五千票。

希臘勞動聯盟會(Geek Labour League)是諸列科里司博士(Dr. Platon Drakonlis)於

一千九百另九年所組織的，此外還有一個社會主義黨是一千九百十一年成立的，他和這個聯盟會的關係最爲密切。　諸列科里司博士於一千八百八十五年起首提倡社會主義，後來當選爲國會議員，但是他在一千九百十二年選舉之中却失敗了。　希臘似乎還有許多組織的社會主義，大家相信現今希王是一個表同情於社會主義的人物。

日本和他的老仇家俄羅斯極少共同之點，但是現在却有一種特點爲他們兩個所共同獨有的：在日本國中，凡懷抱社會主義見解的人，實行受政府的懲罰，在俄羅斯國中這樁事已經實行幾十年了。　片山潛教授(Professor Sen Katayama)於一千八百九十七年開始傳播社會主義和工聯主義。　到了一千九百另一年，東京有一個社會民主黨出現，然不久便爲警察所解散了。　此外還有幾種社會主義的報紙流行於社會上，但是這些報紙不久都爲政府所封禁，報館的主筆也被監禁。　至一千九百另六年，一班社會主義者又組織一種社會，他們對於東京因街車費而起的同盟罷工，予以援助，然他們因此被監禁的有十二人，而他們的社會也破裂了。　一千九百十一年一月，有名於世界的科學家幸德秋水博士(Dr. Kotoku)和他的夫人及十個朋友經過一場祕密審判之後，便以蓄謀暗殺日皇的罪名爲政府所殺了。幸德秋水博士的確是一個托爾斯泰派無政府主義家，並且有人相信在他的家內還發見一個炸彈，但是據日政府對于社會主義的態度和審判的情形看起來，實在令人可疑，因爲日政府沒有令人滿意的證據發表出來，雖日本人民因忠於皇室的觀念極盛，以爲這種殘酷的和不分皂白的懲罰是正當的，然歐洲人總不以爲然。這樁事似乎是日本淸潔的文明中一種汚點，這是許多稱美日本的人所深惜的。

日本當局對待工聯主義和他們對待社會主義一樣，都是極力壓制的；據他們在許多別的方面措施精當那一點看起來，他們在經濟方面也應當弄得狠好，然在實際上他們對於經濟上發展所具的知識，是很幼穉的，這是出於大家意料之外的。

阿根廷共和國(Argentine Republic)的社會黨是一千八百九十八年成立的，當一千九百十二年國會選舉的時候，這一黨共選出兩個國會議員。這一黨所投的選舉票有一萬八千八百四十四票。此外還有五萬個工聯主義者，他們中間有一半是信無政府主義的，還有一半是信社會主義的。 阿國取締無政府主義，法令極嚴，而這種法令又時常用於別的事件上。

凡新興的國家起首出發的地方，各先進國早已走過了：凡理想是萬國通行的：一班有志革命的人從土耳其，波斯或中國前來歐洲或美洲，練習革命事業，他們自然不會同化於一處地方的民權黨人或保守黨人的理想，他們自然是同化于社會黨人甚至於工團主義者的理想。所以我們看見許多才脫去中古風氣的國家就有一個社會黨。

孫逸仙博士是中國革命的鼓動者，他起初和袁世凱分掌中國政權，他於一千九百十二年三月預先宣言，中國政府應當成爲一種社會主義的政府。 中國現在情形紛亂，社會主義是爲政府當局所嚴禁的，凡各省社會主義的社會都被解散了。 中國社會黨是一千九百十二年在南京開會組織的，當時到會的人共有三千，他們有一種社會主義的報，名爲（The Chinese Republcian），這種報是在上海發行的，主筆的人是孫逸仙的祕書，（按此人卽馬素氏）此外還有一個社會主義者當選爲國會議員，據說國會中有二十個人已經組織一個社會主義的團體。 但是中國當實行一種建設的社會主義之先，還有許多初步的政治上的事業是不可不舉辦的。

波斯也有一個社會主義的黨派是一個國會議員所統率的。　一千九百十一年九月，波斯社會民主黨的中央委員會會上一封請願書於國際社會主義局。

土耳其在戰前便有了一種社會主義的運動。　土國薩洛尼克(Salonika)有一個勞動社會主義同盟會（Labour Socialist Federation），此外還有一個阿美尼亞同盟會（Armenian Federation），和君士坦丁社會主義學生聯合會（A Union of Socialist Students of Constantinople），一千九百零八年，土國國會中有六個社會主義的議員。

我們如果依照國際社會主義局或別的機關所公布的事實，將智利(Chili)盧森堡(Luxemberg)烏拉乖(Uruguay)和羅馬尼亞(Roumania)幾國內各種社會主義的組織詳細略載出來，完成這一章書，也是很可以辦得到的，而在墨西哥(Mexico)，巴西(Brazil)祕魯(Peru)，和中美及南美洲中別的不著名的國家裏面，也一定可以發見社會主義的機關。　然阿俾細尼亞（Abyssinia）阿富汗斯坦（Afghanistan），和地海（Hayti）幾處地方一直到現在仍然是絲毫沒有受這種波及世界和無孔不入的社會主義運動的影響。

第十三章 近世國際工人協會 (The Modern International)

社會主義的活動中所表現出來的重要之事實，莫過於新國際工人協會最近的發達這一樁事。

我們在第八章已經看見國際工人協會於一千八百八十九年在巴黎開會，一千八百九十一年在不律塞開會，一千八百九十三年在齊利池開會，一千八百九十六年在倫敦開會。他後來又於一千九百年第二次在巴黎開會，一千九百零四年在阿姆斯特丹開會，一千九百零七年在司徒嘉德開會，一千九百十年在孔白海開會。

國際工人協會在不律塞和倫敦所開的會議，秩序非常紛亂，因此便有採用種種方法去改良會務和會議時一切組織的事實發生，而這種會議「從此將成爲無產階級的議院了」各種新方法是國際工人協會於一千九百年在巴黎開會以後起首實行的，現在我們將他概括地敍述出來。

凡遵守社會主義中各種重要原則的黨會都可加入國際工人協會，他的原則是：一，生產工具和交換工具的社會主義化；二，工人國際聯合和國際行動；三，無產階級組成一個階級團體，依社會主義的主旨，襲據政治上的權力；四，他們也可以襲據建設於階級戰爭之上的各種職業機關，並且承認政治行動的必要，這是指立法和議院方面的行動。據這幾種原則看起來，一般無政府主義者是在排斥之列。

國際工人協會在早前的會議中，有許多時候都耗在聽會員口頭報告——用法文，英文和德文報告——各國社會主義進行的狀況。現在他卻從各國各團體請求或收受種種報告，編印成書，置諸議會之前。這種報告將全世界社會主義發達的消息都集在一塊，所以這是一種最有價值的東西。

國際工人協會採用新方法的結果，在司徒嘉德會議中現出來了，這一次會議所處理的事件，既很迅速，又有條理。參預會議的代表有八百八十六人，他們共代表二十六個民族，會中所討論的事件是關於國際社會運動的重要事件。國際工人協會的復興是一樁很完善的事實。但他在一種變化很大的情狀之中復興起來的，他復興之後，便面目一新了。汪德威爾德把舊國際工人協會，比做一個外觀顯赫而沒有軍隊的參謀總部。從前有許多國家中社會主義運動還沒有開始，並且沒有一國的社會主義運動具有一種實在的勢力。到了現在，凡歐洲各重要國家都有勢力偉大和組織完備的社會主義的機關，並且相信社會主義的人總是以百萬計算的。

新國際工人協會會議中投票的方法也改良了。以前會中定章是每一國可投兩票，一直到一千九百另七年，這種章程還沒有改變，因此，澳洲，塞爾維亞，希臘，和別的在國際上不重要的國家，所派的少數代表在投票時容易勝過德國，法國，和英國所派的代表，前面的人所代表的團體，多半是沒有政治經驗的，而後面的人所代表的團體人數既有好幾百萬，而政治上的閱歷又是很深的。當司徒嘉德會議之際，遂採取一種新制度預備為將來會議之用：凡投票票數的多少是依各國的重要或不重要而決定的——德意志，奧大利，法蘭西，英吉利，和俄羅斯在會議中各有二十票的投票權，意大利有十五票的投票權，其餘的由此類推，大半小國各有四票的投票權，而盧森堡有兩票的投票權。這種改革可以使會中所議決的事件更加真實可靠。

一千九百十年新國際工人協會在孔白海開會，出席的代表有八百九十六人，他們共代表二十三個民族，而各民族所派的代表多少各不相同，德國人有代表一百八十九人，而呵根廷人只有代表一人。　這一次會議共分為五個委員會，會中所討論的是——(一)協作運動和社會主義的關係，(二)工聯，(三)國際仲裁和國際弭兵，(四)關於失業的法令，(五)總議決案件。會中對於第一個問題，極端贊成消費者的協作，主張雇主對於勞動者須付與工聯所規定的工資，提倡徵集敎育基金，並且聯絡協作者，工聯主義者，和社會主義者的友誼。　他贊成工聯，而反對工聯主義者因種族關係所劃分的界限。　他要求國家用保險方法，去拯救失業的勞動者，當危急之時，國家當有一種公共的工作去安插他們。　別的議決案就是要求取消死刑，和聯絡各國社會主義的黨派，使他們能夠統一。　國際仲裁和共同弭兵都為大家所贊成，但是哈德(Keir Hardie)和威蘭(Vaillant)兩人主張藉總同盟罷工去阻止戰爭的修正案，却被一百三十一個民族投票(nationality vote)對五十一個民族投票的多數票否決了，這種修正案由國際社會主義局保存，預備提交下次會議再議。還有許多議決案就是關於土耳其，芬蘭，波斯，摩洛哥(Morocco)和別的國家的政治情形，並勞動法令(每日工作八點鐘，兒童勞動，貨物代工值制度，和工廠監察等等)，和國際結合等事。

當新國際工人協會這一次會議之時，已經有一個婦女社會主義評議會(A Women's Socialist Conference)先期開會，於是英國和別的國家都有一個婦女社會主義派。

一千九百十二年十一月新國際工人協會在巴蘇(Basle)急忙召集一個特別會議，因為歐洲列強有參加巴爾幹戰爭的趨勢，所以特開這種會議，以便提出抗議。會中發出通告幾星期之後，便有五百五十個代表來集於巴蘇大廳，這些代表中間英國有十三人，到了十一月二十四日正是星期日，他們在此處大禮拜堂內外舉行一種示威運動。他們的意見沒有不同的地方，而會議的時間在實際上不過一天。他們一致議決要求工人階級努力於工人的國際結合，去反對資本家領土澎漲主義(She Capitalist imperialism)的武力；他們的議決案是要使各國國會提出抗議，並且用種種別的方法去阻止戰爭的爆發。他們這種贊成和平的遊行會，效力究竟是怎樣的，自然不能夠估計出來，但是在實際上戰禍畢竟沒有爆發，而列強的外交機關却將迫在眉睫的國際慘禍無形消滅了。

新國際工人協會會議的永久機關名爲國際社會主義局(The International Socialist Bureau)，近幾年來這種機關漸次重要了。　蓄司門司(M. Camille Huysmans)是局中的祕書，他的爲人，精力是很强的，他在不律塞民衆住所的事務室中發出許多傳單和文件，公布於世。局中差不多於每一個星期中要發出好些文件到各處關係密切的團體去徵集基金，預備作幫助對於國際上很重要的同盟罷工之用，或作幫助許多不重要的國家中勞動運動之用，因爲在這些國家裏面，勞動界的組織是狠不好的，而政府的壓力是狠大的。　俄羅斯葡萄牙，和巴爾幹各國或是正在戰爭中，或是正在革命中，這些的國民對於世界工人有許多伸訴的事件，都是國際社會主義局替代他們傳播出來的。　每隔幾月，局中便開會一次！就是，各關係密切的民族派出代表到不律塞來共同討論國際上各種問題；他們用工人階級的名義，對於將要爆發的戰爭，提出抗議，並且將各國虐待社會主義者或工聯主義者的事實指摘出來，這些事件在東歐，南歐，和美國是時常發見的。他們所做的事多半是替國際大會布置一切，變改各種計畫，例如國際大會照常規本當在一千九百十三年開會，他們却使這種會延至一千九百四年開會，又一千九百十二年的特別和平會議也是他們預先籌備的。各國都有一種地方機關和國際社會主義局互相聯絡。國際社會主義所主張的民族說(Theory of nationalism)是一般地理學家和外交機關所不知道的。波希米波司尼亞(Bosnia)，黑濟哥衛那(Herzegovina)，芬蘭，波蘭，列托尼亞(Lettonia)，坎拿大(Canada)，和澳大利亞都是一種民族，也都是一種國家。凡局中所用的經費是由各民族供給的。有時一國中有好幾個社會黨眞接並且單獨和他互相聯絡。有時一國中特別設立一個機關和他聯絡，例如英國的全國委員會(National Committee)就是因這種目的而特別組織的。英國全國委員會的本部設在工黨的事務所裏面，這個會的祕書漢德孫(Arthur Henderson)就是工黨的祕書，漢氏也是一個國會議員。英國在新國際工人協會的會議中有二十票的投票權，現在工黨分得十票，獨立勞動黨分得四票，英國社會黨(British Socialist Party)分得四票，而費邊會(Fabian Society)

分得兩票。　英國各黨派對於投票權是以投票力量（Voting power）爲比例而分配的，每年每票約納費五磅。　英國全國委員會每隔幾月便開會一次，指導他所派的駐在不律塞的代表怎樣處理一切事件，有時他也和各關係密切的團體互相交通。　然在德意志國中只有一個社會黨，所有一切事務都是他辦理的，所以不必像英國一樣，另設這種機關。

不律塞的國際社會主義局現在漸次有了一種有價值的複雜組織，他很可以做許多事體。他用三國文字——法文，德文，和英文，這三種文字被大家承認作爲國際上通用的文字——發行一種定期出版物。　一千九百十二年十一月巴蘇會議事件見於這種報第四年第十期裏面。　這一期報共有九十六頁，每頁分作三欄，內中所記的事實有一部分專用法文，有一部分是三國文字並用的。　報中所記載的事件是（一）一千九百十二年各處社會主義者的行動和他們所遭的事件，（二）各處議院的報告，和國際議院委員會（Inter Parliamentary Commission）的報告，這種會是由各國議院中議員所派的代表組成的，這是一種輔助機關，（三）國際社會主義局各代表的姓名和住址表冊，及各黨派各秘書的名冊，（四）一千九百十二年各處送到國際社會主義局的書籍和文件的分類表。

英國人民慣於自己管理自己的事業，並且習於己國政治上的情形，所以他們對於國際社會主義局的原則，沒有遵守的意思，他們的心目中不過以爲這種機關應當予以維持罷了。英國政界上的領袖對於政府的招請入閣，是否應當承認，這一樁事，他們總不會向國際社會主義局徵求同意的。　然一千九百十三年七月荷蘭社會黨首領對於自由黨內閣招請入閣之事，却向國際社會主義局徵求同意，這兩黨當這一年選舉的時候，都得到勝利，在國會中占大多數，然他們向來就是立於反對的地位的。

然國際社會主義局在英國仍然是有一點勢力。　一千九百十三年七月新國際工人協會會長汪德威爾德和祕書蕾司門司來游倫敦，和獨立勞動黨，英國社會黨，及費邊會的代表相見，想要將社會主義的黨派統一攏來；國際社會主義局已經把法國各黨派聯合攏來了，現在他想在英國從事同一的運動。　獨立勞動黨和費邊會以爲英國社會黨既自立於工黨之外，那麼，統一便不能夠成功，國際社會主義局也很以他們這一說爲然，他遂贊成出席各代表一致通過的議決案，另外組織一個聯合社會主義公會(A United Socialist Council)，而使英國社會黨加入工黨。　這種會的結果如何，此時還不能說明出來。

國際工人協會自一千八百八十九年以來，屢次所開的大會已經通過了許多議案。　此外還有各國各黨派所擬的許多很詳細的黨綱，在這些黨綱之中，爾佛得黨綱可以作爲一種模範，如果我們將這些議案和黨綱，通通集合起來，我們可以得到許多正式可靠的文件。　這些議案和黨綱都是由一般聰明才智最高的人經過許久的思索和討論所得的結果。　這種議案和黨綱大概是表現各黨的原則及策略。　所以這些東西所代表的是世界社會主義者所發表的意見，但是還有一樁事是大家應當注意的，就是，這種議案所代表的是各黨派對於過去所思考的事實，並不是他們對於現在所思考的事實，因爲他們注意於過去，已經成了一種習慣。我們現在將世界各處社會主義者共同主張的最重要之點，撮要舉出如下：

(一)社會主義全部運動的目標，是一種經濟革命或經濟變形——凡生產工具，分配，和交換都由社會支配。

（二）工人階級達到經濟革命的大目的所當用的第一種方法，就是藉各處工人階級有組織的行動，取得政治上的權力。

（三）各種社會主義的黨派現時最大的任務，是在最廣義的教育，煽動，和組織三椿事體上，他們當注意改良工人階級的體育和德育，使一般工人適合於他們的大使命。國際社會主義每天的任務就是喚醒工人，使他們知道他們所處的地位，並且設法增進他們的能力，使他們適合於階級戰爭。

（四）力爭平等的和直接的普通選舉權，婦女選舉權立法發議權，和複决權，是政治競爭中一種重要的局面，並且他對於工人政治的教育上有一種很好的影響。

（五）各社會黨更純粹的政治競爭應當和各工聯更純粹的經濟競爭攜手並進，在這兩種運動之中，應當有一種最密切的關係。

（六）凡結社之權，集會自由，和出版自由之權，是工人所要求的權利中一種最要緊的部分。

(七)各國工人已經特別受勸告，大家須注重五月一日的游行會，藉此爲取得每天八點鐘工作制的方法。 八點鐘工作制是增進工人階級的家庭生活，教育，康健，精力，知識，和道德的一種最合宜的制度。

(八)然八點鐘工作制不過是保護工人階級的許多法令中一個最緊切的部分罷了。 除掉成年人的八點鐘工作制以外，社會黨人還要求保護兒童青年，和婦女的特別法令；規定各種年歲不同的人適當的休息時間；禁止夜間工作；取消以賤值雇工人在他們自已家內作工之制(Sweating-System)； 並且竭力監督工廠，商店，家庭勞動，和農業中一切工作。

(九)社會黨人極力反對軍國主義，他們以爲這種主義所以起來，不十分由於國體不同或政治上意見不合的緣故，不過是由於資本階級競爭新市場罷了。 他們以爲只有資本主義告終，戰爭這樁事才可以了結。 現在的常備軍是執政階級和掠奪階級的機械，這些軍隊是應當取消的。 常備軍取消之後，應當代以國民軍或武裝國民(Armed Nation)；就是，國民中全部强壯的人應當以受一種民主主義爲基礎的軍事訓練，並且配上武裝，和瑞士軍隊一樣。

他們勸告各國社會黨在國會中對於現有的海陸軍隊的經費不予以通過。

（十）國際工人協會屢次大會中大多數人都一致指摘各國在熱帶組織殖民地的制度，他們以爲這不過是替資本階級擴充掠奪的範圍罷了。 他們這一說不適於英國殖民制度，因爲英國式的殖民是使殖民地發達一種自治團體；他們對於印度在英國統治之下所得的安甯，秩序，和進步，恐怕還沒有十分了解。 他們大多數人所想像的殖民制度，不過是資本階級掠奪殖民地有色人種的利益了罷。 他們內中有少數人雖指摘現在的殖民政策，然却以爲這種政策可以改正使他有益無損。

新國際工人協會是一種正在增長的勢力。 他現在不復是一個革命的兇徒黨。 他現在是一個有名的大黨，他的黨員中有各國國會的領袖，有管理平民大組織的官吏，並且還有許多別的著名人物，這些人在本國說一句話都是很有效力的，他們所說的話在全世界上有時也發生效力。 新國際工人協會現在一年一年發達下去，到了將來的時候，國際社會主義大會和國際社會主義局在國際關係中將成爲一種同等的大勢力，因此以前許多詩家和哲學家所夢想的世界聯盟，或者能夠實現，而這種世界聯盟如果能夠繼續維持下去，那麼，世界文明便將發達到極處，這種事實也並不是不可能的。

第十四章　英國派社會主義 (The English School of Socialism)

我們在本書第四章中已經把渦文的社會主義敍述出來了，並且已經將十九世紀中葉的耶蘇教社會主義運動約略說了幾句。　馬利士，經斯烈和他們那一派在感情上和現社會的批評上，都是從社會主義着眼的，但是他們和以前的人一樣，都是於努力建設一方面完成失敗了。他們補救資本主義的流弊所用的方法，不過是將渦文的烏託邦夢稍微改變一點罷了。　他們想將勞働者變爲小資本家，因此使資本與勞働相調和。　他們要以工人所儲蓄的金錢組織一種協作的生產社會，再由工人各出資本和勞力共同協作，然後將全部生產物平均分配給工人。　他們不知道這種協作的工業組織比較平常那種資本豐富和經理切當的工業，在營業上要差得多啦。　這種性質的協作生產社會一朝成功，他們原來的形態便將不復存在了，他們關於這一點尚沒有注意。　當這種社會有了成效，一般發起人將不准新工人依照他們向來的條件加入其中：這種社會的股票將落於別人的手中，他和平常的有限公司，不過是細節上不相同罷了。

耶蘇教社會主義運動本來沒有十分的組織，現在上面所說的緣因，和別種緣因，遂消滅了，而自此以後十幾二十年之間，英國差不多沒有社會主義可言。馬克思和昂格思雖住在倫敦，然他們都是藉他們的著作去擴充他們的勢力的，而他們的著作又是德文的；一千八百六十四年以來的國際工人協會是向政治方面謀革命的，並不是向社會和經濟方面謀革命的。一般圍着馬克思的人多半是外國人，而英國工人並不知道馬克思的經濟學說是很重要的。自一班新聞記者將巴黎地方自治團所遭的慘禍向大衆宣布以後，所有以前社會主義煽動家所遺留於英國人民腦子中的印象都無形消滅了。

然英國當個人主義和商業主義得勢的時候，仍然有一個人突然興起，他在當時一般經濟學家和思想家中是一個最有勢力的人物，這個人就是穆勒。穆勒對於社會主義的知識顯然爲英法兩國烏託邦派著作家所限制，他曾宣言，他雖不相信他們所抱的目的，能夠依他們所提議的方法實現出來，然他對於這種目的却極表同情。

當格蘭斯頓時代(Gladstonian era)，英國人民似乎以烏託邦的思想是萬不能夠見諸實行的，所以他們對於穆勒所宣布的這一類的意見毫不注意，並且即刻便完全忘記了。大家以爲穆勒在政治方面是一個極力推闡個人主義的代表者，而在經濟方面是一個極力推闡自由競爭的代表者，他的學說中關於這一類的見解一直到現在，仍然是很占勢力的。現在一般人以爲穆勒不過是一個第二流的思想家，而他在同輩中却具有一種很大的勢力，都引爲奇事，然在實際上他的見解和智能、比較他同時的著作家，要高明得多啦。

穆勒死於一千八百七十三年，從此以後九年之間，社會主義的名目似乎是不復見於這種主義的發源之地了；因爲在倫敦圍着馬克思的那個小團體是歐洲大陸的先鋒隊，他們和英國國民生活及思想沒有什麼關係。

英國社會主義到了一千八百八十年以後又復活起來了，這樁事却當詳細研究一番，一則因爲他對於英國讀者有特別趣味和關係，二則因爲他已經脫去了馬克思的羈絆，有許多國的社主義者因爲馬氏是一個偉大人物，事事以他爲標準，因此他們的思想便是從一個模型裏面鑄造出來的。　英國人努力脫去近世社會主義開創者字義上的專制這一樁事，是和社會主義運動同時並起的，並且卽刻就有效驗，不到幾年，這樁事便完全成功了。　在德意志國中，近來才有同樣的事實發生，就是他的修正派運動，這一派在將來雖然會得到一種好結果，然他們和敵黨現在的爭鬥還沒有決定勝負。　本書以前幾章已經指明過，在各處地方，社會主義觀念的自由發達，仍然是爲大家盲目服從社會主義的「聖經」所阻礙了。

　英國社會主義運動的起源是很複雜的，所以一般社會主義者沒有受馬克思主義的縛束。馬克思式社會主義是社會民主同盟會(Social Democratic Federation)所引進來的，關於這樁事我們卽刻就會說明出來，同時費邊會也成立了，他的社會主義，來源很複雜，他從來沒有爲馬克思或信條所眩惑，他成立不久，便將他的會員對於馬克思主義所不能承認的部分，開始辯駁。　這樣的辯駁遂將馬克思的威權打破了。　於是便有許多社會主義者敢和馬克思挑戰，敢對馬氏指導社會主義思潮的權力大唱異議。　幾年之後，獨立勞働黨也成立了，這一黨所主張的社會主義並不是以何種正宗派做他的理想之標準，現在英國所流行的社會主義，多半是屬於同一性質的。

英國社會主義運動有一種發源地，這是我們已經說明過的。一種發源地就是一千八百八十一年信德門（Mr. H. M. Hyndman）所組織的民主同盟會。這個會的目的就和他的名稱所指的一樣，他想變成倫敦激烈派的同盟會（A Federation of Londcn Rodical Clnbs），採用激烈的方法去改革社會，例如他所主張的取消貴族院，和土地國有等事都是他的激烈的方法。他這種同盟計畫在事實上是決不能夠實現的。他的重要會員不限定是社會主義者，如摩黑斯，巴格斯（Belfort Bax），柏洛士（Herbert Burrows），阿衛靈（Dr. Edward Aveling），和脫列（Helen Taylor）都在會員之列，而脫列是穆勒的義女和文學上的執行遺囑者。信德門於一千八百八十三年將他所著的社會主義歷史上的根基（Historic B.sis of Soci-alism）一書刊印出來了，他這一部書將馬克思的見解介紹於應用英語的世界中。民主同盟會，不久便公然成為一個社會主義派，到了一千八百八十四年八月，他改名為社會民主同盟會，當一千九百另八年的時候，他又改稱社會民主黨。一千八百八十四年一月這個會創辦一種週刊做機關報，名爲正義（Justice），近來這種週刊變爲英國社會黨的機關報了。

馬克思是一千八百八十三年死的，當時社會主義新運動雖正在進行還沒有弄好，而在同一年之內，大約當馬氏死去六個月之後，費邊會成立了，於是英國社會主義運動才具一種雛形。

英國這種社會主義運動是由各種智識上的勢力結合而成的，馬克思的勢力不過是這些勢力中之一種罷了。顯理喬治（Henry George）的勢力恐怕要算爲他們內中最強固的。顯氏的大著作進步和貧窮（Progress and Poverty）是一千八百八十年在美國出版的，這部書不久便引起英國人的注意。顯理喬治並不宣傳社會主義；他那富於熱忱的黨徒，的確向來就是一班理想的個人主義者，他們深信只要將地租——顯理喬治的近世黨徒又加入土地的資本價值——變爲公衆的所有物，那麼，在一個自由競爭的國家裏面，運用經濟上的勢力，一定可以拯救人民的貧窮和社會上種種別的弊病，這些東西都是現在的國家所不能免的。顯理喬治和自己許多別的偉人一樣，並非始終是一個信奉主義的狂熱之人：他的意見有時猶豫不定：他的黨徒是社會主義者，同時又是個人主義者：他對於土地的觀念，任憑大家作如何解釋，然他對於一千八百八十年間的思潮所貢獻的大概就是貧窮是一種毛病，這是可以由國家的行動去制止的。　當時有一班人對於那個時候所流行的經濟原則，下一種謾罵的批評，這不是一般經濟學者自己所下的批評，這是一班政客和社會改良家的批評。　他們以爲貧窮是由品格墮落，肆意喝酒，缺乏能力，懶惰偷閒，和不知節儉而起的。　他們以爲國家對於這些事體除掉應用某幾種平常所習用而有效的方法去糾正外，如果再用別的方法去干涉，也是沒有益處的。　國家可以在教堂內提倡道德，設備少許教育，教導一般人民，制定工廠條例去保護婦女和兒童，凡那些品格墮落的人不能夠儲蓄款項，預備年老時的用費，或因疾病及死亡，不能供養他們的家眷，國家須略給以用度，使他們不致於餓死。

倘若那些有產階級能夠平心靜氣，稍微注意於別人的痛苦，那麽，這班政客和社會改良家所倡的哲學，他們是很可以引以自慰的，然顯理喬治在他的進步和貧窮裏面，反對這種哲學非常激烈，他那轟轟烈烈的言詞，簡直是和炸彈一樣。　他說貧窮是直接起於社會分配的不平均，這是一個唯一的緣故。　新約全書（The New Testament）可以引用來維持現社會的現狀，祈禱書（PraYer-book）也可以故意錯用來維持現社會的現狀，但是舊約全書（The Old Testamenat）對於據有土地的規定，和我們現時的制度是完全相反的，他以爲據有土地是源於神意。英國有許多人傾向社會主義，後來遂爲英國社會主義的開創者，這多半是顯理喬治的力量，不是馬克思的功勞。　然他們却不誤認顯理喬治做一個預言家。　他們對於顯氏的意見只將他們認爲有價值的部分採擇出來，他們對於馬克思的意見，也是應用同一的方法去擇選的。

在英國社會主義運動中除掉顯理喬治的勢力以外，還有別種勢力。　黑德蘭牧師（Rev. Stewart D. Headlam）和別的人發起一種耶蘇教社會主義運動，這種運動的範圍是很小的，這就是三十年以前耶蘇教社會主義運動的復活，所以他們仍沿用以前的名稱，他們的建設政策是土地改革，不復是協作的生產了。　這一派發行一種月刊，名爲耶蘇教社會主義者（Ch ristian Socialist）他是一千八百八十三年出版的，到了一千八百九十一年便停刊了。

此外還有一種智識上的勢力也促進根本的和建設的革命，這種勢力就是實證主義（Positivism）當時有一小羣很著名的人物專治這種學問，他們對於工界首領力爭工聯主義爲合法這椿事，幫忙的地方狠不少。凡深信實證主義的人是反對社會主義的，然當時一般喜歡思想進步的青年都研究孔德的著作，因此他們便得到一種社會制度全部改造的觀念。實證主義是當時一種正在得勢的信條，然因社會主義的興起，實證主義忽然受一大打擊遂不能夠再發展了。

羅斯金（Ruskin）對於當時所流行的經濟原則，加以批評，也發生一種影響，有許多人因此便轉而歡迎新觀念，但是他的影響範圍不十分廣大。民主同盟會所傳播的主義也引起許多信徒；但是此外還有一個人倡一種新說，結合許多人，後來他們便組織一個費邊會，這個人的性情是與衆不同的，他的名字叫做德衛孫（Thomas Davidson），他是一個蘇格蘭人，住在紐約，他是一個有名的辯論家，和心理學家。當一千八百八十三年的秋季，他住倫敦向許多小團體講演他的學說，他籌出一種計畫，要組織一個社會從事於更優美的生活，他稱這種生活爲「新生活」(Vita Nuova)。 當他離開倫敦的時候，以前跟從他那一班人決定繼續這種講演會；他們對於他的烏託邦理想却不復相信了，然還有少數人組織一個新生活社，實行依照他的學說去做，並且發行一種季刊名爲播種之時(Seedtime)，這種報也一連出版好幾年才停刊。 當時他們大多數人都是要改良社會，不是要改良他們自己，到了一千八百八十四年一月四日，他們共同組織一個團體，依照卜德穆 (Frank Podmore) 的提議，稱他們的團體爲費邊會，卜氏後來因替過文作傳和著精神學四處揚名。 費邊會曾替自己做一種標語：

有時你當等着，和費邊 (Fabius) 一樣，當費氏和漢尼拔 (Hannibal) 戰爭的時候，雖有許多人責備他遲延不進，他却不聽，只一味堅守不動；但是當時機到了，你當和費氏一樣，猛力進攻，不是這樣，你以前因等候所費的時間，都白花了，都是沒有結果

社會主義史　下卷　一七二

這種說法是一種很不好的歷史，但是他頗有注意的價值，因爲他將一般青年通常所缺乏的自信力指明出來了。 費邊會的會員現在決定當他們開始傳播主義之先，他們將從事預備和研究一切必要的事件。 這個會的開創者布德蘭（Hubert Bland）及他的夫人「納士俾特（'E. Nesbit'）和闢司（Edward R. Pease）這幾個人仍然存在，而納士俾特是一個有名的著作家。但是在最初的時候，還有許多人加入這個團體，這些人在當時不十分著名。 第一個加入費邊會的人是蕭伯訥（Bernard Shaw），卽刻跟着他加入的是衞布（Sdney Webb），哇拉斯（Graham Wallas），阿利衞（Sidney Oliver），格拉克（William Clark），和貝山特夫人（Mrs. Annie Besant）。 哇拉斯以前是殖民局的書記，現在是農業部祕書格拉克是一個著名的新聞記者和演說家，貝山特夫人在思想自由和馬爾查士運動（Free Thonght and Malthusian Movement）中，和布拉德拉夫（Charles Bradlaugh）共事，他的聲名是很不好的。 畢氏那種議論風生的口才却有助於費邊會的發達，然到了一千八百九十年他便捨棄社會主義，去研究通神術（Thoasoply）

當這個時候，馬克思的資本論尚只通行于法德兩國；一般初期的費邊會會員才開始對於資本論作一種有統系的研究，他們對於馬氏的價值定律（Law of Valne）並不同意，然英國社會民主同盟會人却以爲這一種定律的確是社會主義之唯一的基礎。馬克思之革命的方法，是當時認爲不可少的，然費邊會會員却不贊成他這種方法，當一千八百八十年以後幾年之間，一班社會主義者以爲革命就是在街市中安置作戰的防禦物，而着手實行社會主義就須使用暴力，演出流血的事故。現在社會主義這個名詞還加上許多別的意義，然當時馬克思的英國黨徒遇見人家表示着手實行社會主義可以應用別種方法，不必使用武器，他們便譏笑說這種話的人，其實他們這樣的見解明明是和馬氏的意見相反的。

然大家不要猜想，以爲費邊會在當時社會上具有一種勢力。他的會員當時正在訓練他們自己，他們做事的時機還沒有成熟啦。

至於講到社會民主同盟會的情形又迥然不同。這種會的發起人都是一班成年人。信德門近來在他的自傳中曾經說明過，他是一個有財有勢的人，他是一個有力的新聞記者，並且是一個能言的演說家，他很富於自信力和世界知識。但是一般人民所以重視社會主義運動還是因摩里斯加入這種運動。這個非常的人已經享盡世間的名譽了。他已經使英國家庭技術加大改變了；他的姓名已經成爲一個家常的名詞，凡假裝懂得一點文化的家庭都知道他的姓名。他是一個詩人，他僅亞於狄愛森(Tennyson)；他又是一個富翁；他的交結很廣，他許多朋友都敬重他的純潔的性質，並且承認他的動人的姿態。當他那個時候恐怕沒有一個英國人像他一樣，具有天才之種種美德，而又沒有天才之種種過失。他並不是一個生成的煽動家：他也決不是一個言語流利的演說家；他沒有政治上的才具；論起他的性情，他的確是一個無政府主義者。但是他做事却非常熱心，許多年以來，他的著作，他的貲財，和他的强壯的精力，都專注於這種新運動之中。

還有一層，摩里斯又以許多新觀念附於社會主義之上。他以一個技術家的眼光考察社會，他覺得商業主義缺點很多。自資本主義發生以後，機器便跟着出現，而機器製造的美觀品對於技術家就是一種呪詛。摩氏是一個仰慕中古遺風的人，他很願意現在這個時候再轉入約翰鮑爾(John Ball)的時代。這樁事自然是不可能的，然他看見一般工人在很不衞生的環境中，做長時間的機器工作，收得很少的工資，他便夢想一種社會革命，並且實行從事於社會革命，這種革命就是將人類做機器的奴隸這樁事掃除；他自己是一個作工不倦的人，他愛工作比較們愛別的東西還更加害利。他自巳作工便覺得快樂；然他的工作是美術的工作，他相信凡工人無論在什麼工作之中都可以，並且應當發表他們的意見，他們做一種工作便能夠得到快樂。他很厭惡機器；有人說現在機器已經漸次流行了，當機器能夠減少工人的勞苦增加公衆的財富，並且特別增加一班財主的財富之時，各項工業將一致歡迎機器，並且應用機器，他對於這種事實極不以爲然。英國社會主義因摩里斯和他的明友格烈恩(Wal-ter Csane)的緣故，便和小手藝有一種奇異的關係，但是這種關係也沒有什麼多大的好處：他們抱一種偏於感情的手工勞動之理想，因此常有恢復以前人力紡車和人力織布機的趨勢，他們以爲用人力製成的銅鐵器皿在社會上是很有價値的。

社會民主同盟會在信德門，摩里斯，巴格斯，和狹闢阿(H. H. Champion)指導之下，卽刻便發生一種極大的影響，狹關阿是一個砲隊軍官，他因一千八百八十一年的埃及戰爭（Egyptian War）便離開軍隊了。　當時一般人不論是和社會民主同盟會相友善的，或是和他對敵的，都以爲他所宣布的主義對於「下等階級」是很關切的，一定會引起他們的同情。　當一千八百八十五年選舉的時候，他於漢柏司特德（Hampstead），克靈頓（Kennington），和拿庭海（Nottinpham）三處提出三個候選議員，當時大家都信工人階級投他們的選舉票總是以千數計算的。　柏倫斯（John Burns）本是一個工程師，此時他已經成爲一個最會作露天演說的人，他在拿庭海得了五百九十八票，而在倫敦有一個社會主義者得二十七票，還有一個得三十二票，於是同盟會的空架子遂露出破綻來了。

一般熱心社會主義的人現在初次得到這種敎訓，才漸次知道英國大多數人民是極富於保守性的，至於這是英國人的長處，還是他們的短處，暫時可以不必說；一般政黨中的領袖，不論是屬於保守黨，或是屬於自由黨，或是屬於工黨，要使他們信仰新思想是不很難的，但是如果想把大多數人民的腦筋改變過來使他們採納些新觀念，那就是非常之難的。

許多激烈的工人因爲社會民主同盟會有一種政治上的過失，遂和他疏遠了。 同盟會受了一種選舉費，而這種費的來源是不十分明白的，但是大家都相信這是保守黨所給與的。此外社會主義運動因社會民主同盟會內部破裂又受一打擊，他們內部所以破裂是由一種爭端的結果，而爭端的緣因半由對人的關係，半由主義的差異。 當一千八百八十五年的初期，摩里斯，巴格斯，和馬克思的女壻阿衛靈共同組織一個社會主義聯盟會(Socialist League)，並且創辦一種新聞紙叫做公益報(The Commonweal)，摩里斯有許多著作以前沒有出版，現在才在這種報裏面披露出來。 他們這個聯盟會漸次傾於無政府主義，因此便受累不淺，到了一千八百九十年十一月，摩里斯和他脫離關係，這個會的信用遂掃地無存了。

同時有許多主張社會主義的小團體布滿全國。 社會主義聯盟會和社會民主同盟會這兩個團體並不互懷敵意，時常爭鬥，這種事實是許多國裏各社會主義的黨派間所不能免的：這兩個團體在各工業區域都有好幾十個支部，他們在倫敦有許多年因爭街市演講之權，時常和警察互起衝突。 到了一千八百八十六年，信德門，狹爾阿，和柏倫斯因在陀發嘉場(Trafa gar Square）作煽亂的演講，引起暴動，都被控告，然他們却被法庭宣告無罪，一起釋放了，這是他們自己所驚呀不置的。大家應當記憶，當時的社會主義——除掉尙不著名的費邊會以外——是明目張膽主張激烈的革命的。

一千八百八十七年十一月十三日一班社會主義者又在陀發嘉場開會，當被警察驅散了，柏倫斯因爲抵抗警察，遂被監禁。

到了一千八百八十九年，船場卸貨工人同盟罷工之事發生了，這一次罷工中的首領是柏倫斯，門恩，提雷，和狄闢阿，此外還有許多社會主義者也實行加入，極力活動。這一次同盟罷工畢竟達到目的，因此工聯主義的歷史上便開一新局面了。自此以後，柏倫斯和社會民主同盟會脫離關係，至一千八百八十九年他當倫敦地方議會的議員，當一千八百九十二年的時候，他代表巴特西（Battersea）當選爲國會議員，到了一千九百零五年，自由黨組織內閣，他被任命爲地方政府部部長。

費邊會這幾年以來正在努力使他得表現於世。他的各首領是倫敦最擅長言語的辯論家，他現在正造成他所應取的政策。　他受了衛布的影響，開始研究社會上的事實。　他於一千八百八十七年刊布他的第五次論文，名爲社會主義者須知(Facts for Socialists)，這種論文是對於手藝工人在全國收入中所占的分子作一種計算，這是一種最有名的英國社會主義的論文，當這種論文第十一訂正版出世後，銷路仍然是很廣的。　這樣徵集各種事實對於資本主義的制度作一種破壞的批評，並沒有什麼新奇。　費邊會於一千八百八十九年刊布一種論文名爲倫敦人須知(Facts for Londoners)這種論文對於倫敦各種制度詳細作一種統計的剖解，並且提出改良的方法，這倒是很新奇的。　這樁事便指出思想的變遷。　社會主義不是一種什麼策略，等到革命之後。資本制度完全破滅了，才將他引入社會中去着手實行。　許多別的社會主義者將他們的目的和他們的臨時計畫，分爲兩樁事。　費邊會會員從來不作這種區別。　他們說，革命是應當接續下去的，不應當停止的。　革命有一種未來的時期，也有一種過去的時期。　都市飲料及煤氣工廠都是公共所有的生產工具；郵政局也是公共所有的生產工具，而在外國，鐵路也是公共所有的生產工具。　集產之制久已成立了，現在我們所要的就是將這種制度擴充起來。　國家是一個中央機關，也是一個地方機關：倫敦地方議會將街車路綫作爲公共有，却沒有發生什麼革命的變故。

此外還有一樁事是有助於費邊會的。　政府對於普通一般國民，特別對於那些工人，是一種不相連繫的機關，他們不懂得政府中的事情，他們除掉選舉以外，也不能支配政府，就是這個時候，也純靠大衆聯合攏來的勢。　費邊會會員有許多人在政府中當一等事務官。當時這個會唯一的根據地就在當靈街官署(A Downing Street Office)中。　政府中一等事務官甚至於次一等的事務官看待政府好像一種纖巧的機器，政府的事務是他們所當管理的。他們草擬各項文書，因此遂操決定全國各附屬機關，各郵政局，或各海關中所應守的政策之權。　他們豫備內閣各閣員的演說詞，並且擬出新法令初次的大綱。　這些事務官對於政治上的行動，很有許多影響，這是局外人所不知道的。　選舉人的選舉票支配一個國家的效力，還不及服務於國家的人腦子裏面所具的觀念，支配一個國家的效力，至於這些人不論是國會的領袖或是永久不更換的文官，他們的效力都是一樣的。　政府裏面既有這種情形，那麼，政府以外的各機關一定也有同樣的情形。一個政黨的政策，在一定限度之內，是由起草他的議案和報告的人決定的。一個人如果比較別人知識更高，他自己知道他所需要的是什麼東西，他一定能夠使別人依照他的意見去做事。一個人要管理一種現成的機器是很容易的，但是他要自己去製造一種機器，那就很難了。費邊會會員到了後來便知道工人階級並無意千萬成羣，闖入社會主義這一條路。他們以爲在英國由許多私人集合一個團體去創造一個新政黨這一樁事，是他們的力量所不能及的。他們這種預見後來證明是很對的。現在英國沒有一個社會黨有正式會員五萬人，現今要想在造黨這一方面得到成功，比較從前，更加難了。

費邊會會員後來便抱一種徹底的政策：他們知道他們的理想具有很大的勢力，並且相信他們能夠使一般人民於似覺非覺之間，採納他們的理想。

倫敦人在他們中間占大多數，他們對於構成進步黨(The Progressive Party)的政策，起首就成功了，這一黨於一千八百十九年第一次倫敦地方議會選舉時，便占得優勢，一直到一千九百零六年他在議會中仍然是占優勢的。　倫敦在英國政界中時常偏於保守一方面，如果有一黨能夠盡力替工人階級謀利益，他便將他一黨的黨員屢次選入地方議會。　倫敦將各種獨占事業都改歸公有；對於一般傭工給以工聯所規定的工貲；並且主張將這種工貲數目載在契約裏面；又藉技術教育局（這個機關是一千八百九十三年成立的，第一任局長是衞布，至一千八百九十八年爲止，到了一千九百零二年，他又再任局長）之力，制定一種最完善的教育制度。　倫敦所做的這些事業，大半是由於費邊會會員在地方議會內外鼓動之力。

到了一千八百八十九年，費邊會開始博得一種舉國皆知的聲名了。　會中一班著名的會員前面已經說及過，他們有許多演講錄在同年之內刊印成書，名爲費邊會社會主義論說（Fabian Essays in Socialism），書出不久便風行一世了。　這部書是將社會主義從英國人的眼光中描寫出來的。　這部書省去馬克思主義中那些奇異的成語，這是明明白白主張革命的，並且一班著作者後來都成爲有名的文人。　當一千八百九十年的時候，費邊會又組織好些講演隊，想把從前出了倫敦便無人知道的費邊主義擴充到各工業的區域中。　他們向一般激進派，協作社會；和各種願意聽講的羣衆或機關極力演講，鼓吹他們的主義，因此英國各重要城市中都有費邊會的分會了。

費邊分會的會員大部分屬於工人階級，他們却不能應用總會所用的種種方法去維持和發達他們的團體，當一千八百九十三年獨立勞動黨成立的時候，這些分會都消滅了，當這些團體發生之時，本是非常之快的，現在跌倒下去，也差不多是一樣地快了。

獨立勞働黨所根據的理想，在社會主義運動中並不是一種什麽新理想。有許多人對於社會民主黨人所持的狹義的社會主義很不滿意，而狹關阿就是他們內中之一人，狹氏早幾年以前便創辦一種週刊名爲勞動選舉者（Labour Elector），但是他這種報也沒有發生什麽多大的影響。

現在英國所需的黨是一個社會主義黨，一方面和費邊會一樣，不爲馬克思的信條所縛束，情願和各工聯攜手並進，完全容納耶蘇教，並且理解政治上的策略；而在他方面又不和費邊會一樣採一種政治上完全獨立的態度。

英國社會主義運動中具有一種新轉機，信用很好，大半是哈德一人之力。　哈德是阿協(Aysliire)鑛工的祕書，至一千八百九十二年，他因無黨派關係，代表西南漢亭(Sonth-West Ham)當選爲國會議員。　獨立勞動黨是一千八百九十三年在布拉德佛(Bradford)會議中組織的，這一黨原來的目的就包含在他的名稱之中，他是注重於勞動一方面，並不是完全趨向社會主義的。　但是獨立勞動黨經過這種時期是很短促的：他推倒費邊會在各地方的運動，取而代之，非常迅速，不久他便成爲一個最有勢力的機關，他在約克協(Yorkshire)的勢力尤特別充足，到了後來他的勢力滿布於各工業的區域中。　他在倫敦有幾年比較地沒有多大的勢力。

獨立勞働黨所做的大事業，就是，將工聯主義的一班領袖都挪過他自己這一邊來了。英國全國各工聯支部中一班最有能力的青年都加入獨立勞働黨，他們在各處或是當選爲工聯支部的職員，或是當選爲工聯支部的代表，不久他們便成爲工聯本部的職員了。　普通一般人民仍然沒有加入這種運動，但是無論在那一個城市或工業區域中，一班嶄然露頭角的人總立勞働黨的黨員。 工聯每年開會，社會主義總在討論之列，到了後來大家便議決贊成社會主義。

哈德於一千八百九十五年失去了議員的位置。 以後獨立勞働黨雖時常競爭選舉，然他總是不能夠達到目的。

英國在同一時期內還有一種運動，也開始進行。 一千八百九十一年，布拉哲佛 (Robert Blatchford) 和一羣滿切司特新聞記者在倫敦組織一種格拉林新聞報 (The Clarion)，到了一千八百九十三年，布氏又刊布一種宣傳主義的書，名為快樂的英格蘭 (Merrie England)，這部書出版之後，共賣去一百萬本。 布拉芝佛本是一個手創獨立勞働黨的人，但是格拉林報却獨立於黨派之外，然却有許多俱樂部，和別種半帶社會性質半帶政治性質的團體附着這種報發生起來了。 格拉林報對於當時社會上有一種最有價值的貢獻，就是他所具的豪俠的精神。 一般工人雖然處境艱難，常受壓迫，格拉林報却以為他們的生活中仍有可樂之處；他這種活潑的精神是很有益處的，因為只有考察社會面面俱到的人，才能夠籌出改造社會之適當的方法，至於那些狂惑的社會主義者只看見社會中悽慘的方面，因此逐將工人不滿意的事件，和工人希望卽刻根本改良的事件，都誤爲誇大了。

以後幾年之中，英國社會主義很有進步。獨立勞動黨尙適合於英國工人的要求，所以他愈加得勢，然社會民主同盟會却漸次失了他的位置，不復成爲一個能孚衆望的社會主義的團體了。費邊會以講演和出版事業維持他的活動，到了一千八百九十三年，他在他所發行的兩週評論(The Fortnight Review)中發表一種宣言，惹起大多數人的注意，後來這種宣言又重印成一種小冊子，他的內容是指摘自由黨內閣在職之時，不能應工人正當的要求，並且喚醒一般工聯主義者，敎他們自己去組織一個工黨。

工黨(The Labour Party)

英國社會主義史中以後重要的事件就是工黨的組織。英國自一千八百七十四年柏特（Mr. Thomas Burt）和馬克但那(Alexander Macdonald)兩人以工聯會員的資格當選爲國會議員以來，勞動界的直接代表就是英國政治中一種特點，現在工黨的組織，是勞動界直接代表一種邏輯上的結果。英國國會自一千八百七十四年以後，常有許多議員是工聯主義者，他們的主張或投票都是以自由派自居的。

一千八百九十九年，工聯議會開會，議決指導屬於己派的國會委員會，和各社會主義黨派通力合作，共同組織一個評議會，以便籌畫種種方法，去增加下屆國會中勞動界議員的名額。這種評議會遂於一千九百年二月在倫敦開會，有許多國會議員與會，柏倫斯也在裏面，此外工聯和三個社會主義派都派遣代表加入會中，此時工聯有會員五十四萬五千三百十六人，而三個社會主義派共有會員二萬二千八百六十一人。這種會的結果便產生一種勞動代表委員會(The Labour Repersentation Committee)，他的目的是在競爭選舉，使國會中有一種勞動團體。當時明白規定將來這種新團體結合攏來是專爲勞動界謀利益的，但是他也不和固有的各黨派故意分離。凡這種勞動團體的議員平時可以代表自由黨人，保守黨人，或是社會黨人；但他們對於勞動問題就當共同一致。訥塞馬克但那(G. Ramsay Mac Donald)起初是費邊會的會員，後來又是獨立勞動黨的黨員，訥氏向來頗有聲譽，現在他當選爲工黨的祕書，他的爲人精力狠强，又很機警，很能幹，工黨起初的成功，就是得他的助力居多。

自勞動代表委員會成立幾月之後，就逢着一千九百年的大選舉之期，工黨原想極力運動舉出十五個國會議員，然結果只有哈德在墨截（Merthyr）當選爲國會議員，柏爾（Richard Bell）在德俾（Derby）當選爲國會議員。但是當以後幾年補缺選舉之時，工黨却得到三次大勝利。

涉克列頓（David Shackleton）代表蘭卡協（Lancashire）的格利截羅（Clitheroe）當選爲國會議員，絲毫沒有遇着阻力；哥洛克司（Will Crooks）因自由黨的援助，在屋爾衛池（Woolwich）得到選舉上的大勝利，而漢德孫（Arthur Henderson）在都漢（Durham）的巴拿德城（Barnard Castle）打敗兩個黨派，收得選舉的成效。

社會民主同盟會起初和勞動代表委員會十分親密，到了一千九百另一年八月，他忽然和這個委員會疎遠了，於是他便和社會主義活動的總潮流斷絕關係了。因爲工黨在名義上或黨籍上雖不是一個社會主義派，然獨立勞動黨和費邊會的政治活動差不多完全是藉工黨做機關表現出來的，並且他的政策是一種純粹社會主義的政策，他的大部分重要黨員，無論在國會中或國會外，都是一班社會主義者。

工黨的黨員增加很速，到了一千九百另三年，他們在紐卡塞（Newcastle）開大會；他們內中原有一派主張組織一個獨立黨，這一次開會，大家經過長期的爭辯之後，主張組織獨立黨那一派得到最後的勝利。 於是他們以前在國會中那種勞動團體的計畫便捨棄了，他們遂組織一個新國會黨。 工黨一班黨員除掉柏爾以外，對於這一次政策的變更並沒有人反對，然柏氏因此便脫離工黨的關係，仍舊和自由黨聯絡一氣。

當一千九百另六年的時候，勞動代表委員會在他所組織的各選舉區域中有會員九十二萬一千二百八十八，在這一年大選舉之中，他提出五十個候選議員，內中有二十九名當選為國會議員。 後來他們在國會中組成一黨叫做工黨，這個黨除掉名稱以外，差不多無論做什麼事情，都是以社會主義為根據的；他在國會中勢力充足，也很足以使他自己成為一種重要的要素。 哈德當選為國會議長，這樁事足以證明英國國會中有組織的社會主義者雖為數很少，然社會主義在一般議員的見解上卻是很占勢力的。

一班社會主義者此時對於全國人民所遺留的印象是很大的。從前大家都以爲他們不過是一小羣謬妄的狂人，決不能夠影響於工人階級，他們雖大聲疾呼，總不能夠損及資本主義的毫末。忽然之間，他們在國會中構成一黨，使大家對於他們的意見不能不加以注意，並且國家大事也直接受了他們的影響。他們所遺留於人民腦筋中的印象，因兩次補缺選舉的結果，遂愈加顯明了。一千九百另七年七月勞動界候選議員耶洛(Jarrow)戰勝自由黨，保守黨和國民黨的候選議員而當選爲國會議員，一二個星期之後，一個不著名的青年叫做格烈孫(Victor Grayson)沒有工黨的幫助，不過以獨立勞動黨社會主義候選者的資格，在約克協的科恩流域(Colne Valley)，打敗自由黨和保守黨，當選爲國會議員。

我們爲圖方便起見，特在此處將工黨在國會中的歷史述完，一千九百另八年鑛工同盟會(The Miners' Federation)加入工黨，到了下一年大選舉之期，這個會選出十五個國會議員，他的會員共有五十五萬人，當一千九百十年一月選舉的時候，工黨共選出四十個國會議員，這是因鑛工同盟會加入，所以他的議員名額驟增，然比較去年，他在實際上又失去六個議席。到了一千九百十年十二月，英國各黨派中只有工黨增加兩個議席，但是後來當幾次補缺選舉之時，他雖竭力競爭，然因情形改變，却失了三個議席。

工黨是由各工聯，各社會主義的黨派，和各地方機關，如職工公會，或地方工黨等相合而成的。工黨大部分的黨員和基本金都是由工聯供給的，而處理黨中一切事務，是以社會主義爲根據的，這是因一般工聯主義者都是些社會主義者。工黨每年開大會一次，決定黨中所應持的政策，並且選舉行政委員會的會員，這種委員會的名額是作三起分配的，工聯主義者得十一名，社會主義者得三名，而職工公會和地方工黨共得一名。行政委員會決定關於選舉各種事務，管理黨中基金，並且刊布一切文件和出版物。訥塞馬克但那做工黨祕書一直到一千九百十二年爲止，繼他的任做祕書的人是漢德孫。行政委員會會長任期只有一年。工黨議員在國會中又組織一個國會黨。國會黨的會長和職員每年選舉一次；當一千九百另六年至一千九百另七年之間，哈德當選爲國會黨會長；自一千九百另八年至一千九百另九年，漢德孫當選爲國會黨會長；到了一千九百十年，巴恩斯(G. N. Barnes)當選爲國會黨會長；自一千九百十一年以後，納塞馬克但那擔任國會黨會長之職，一直到現在仍然是他連任。　國會黨每星期開會一次，決定他們在國會中所應取的方略，和他們所應提出的法律案及建議案等。

到了一千九百十三年一月，工黨所包含的團體共有一百三十個工聯，計會員一百八十五萬八千一百七十八人，一百四十六個職工公會和地方工黨，兩個社會主義派，計會員三萬一千二百三十七人，一個婦女勞動同盟會（The Women's Labour League），計會員五千八，此外還有一千另七十三個協作者（Co-operators）。　工黨除掉每年向每個會員徵收會費一辨士以外，又有職工公會等所納的小宗會費，他的進款合計有三千八百六十二磅，但是他於發賣印刷品和經營別的事業可以得到大宗款項，所以他手中很有一宗巨額的存款。　有許多工聯現在爲政府禁令所限，不能向工黨納費，如工黨在這新禁令之下，每年經常的進款仍當超過七千五百磅。

工黨沒有有形的基礎，或具體的政策。　黨中遇有關於這類事實的提議，總是被大家否決的，因爲工黨中含有社會主義者和工聯主義者，而工聯主義者中間有許多人並不是社會主義者，他們有許多地方雖不反對社會主義的議案，却反對社會主義的程式。　但是工黨除掉傾向社會主義以外既沒有採別的政策，他的行動總是帶着社會主義的彩色的。　工黨的黨綱，只能夠從他的選舉，他的宣傳主義的印刷品，和他最近出版的一個機關報中揣測出來，這個報叫做國民日報(Daily Citizen)是一千九百十二年開辦的，管理這個報館的人共十八，內中九人是由工黨，獨立勞動黨，和工聯平均選舉出來的，因爲他們都是報館的股東。　凡私人資格的股東對於國民日報的政策沒有支配的權限。

英國的工聯近二三十年來，享有一種特權，就是凡雇主因工人同盟罷工所受的損失，不得向法庭起訴，要求他們賠償，然一千九百年的達夫威爾判決案(Taff Vale Gudgment)將他們這種特權剝奪了，他們非常憤怒，遂竭力共同組織一個工黨。　因爲這種判決案使工聯的基金悉聽雇主的處分，而在實際上，遂使大規模的同盟罷工過於危險，不能夠見諸實行了。於是英國勞動界遂聯合要求由國會將這種判決案取消，這是工黨黨綱的第一條原則。　到了一千九百另六年，職工紛爭條例(The Trades Disputes Act)在國會通過後，工人在法律上所受的待遇稍爲改正了。　此外工黨在立法方面所得到的成功就是一千九百另六年教育條例，規定預備伙食，供養學校兒童，和一千九百另九年的職工部條例(Trade Boards Act)，將合法的最小限度工貲的原則，施行於北半球。　當一般裁判官在工聯法典(The Trade Union Code of Law)中一種新破綻之前，達夫威爾判決案殆沒有爲法律所廢止。　自一千八百七十四年以後，工聯的基金時常用作政治上的事業，但是當一千九百另九年阿司邦恩案(Osborne Case)起後，應用工聯基金於政治事業遂認爲不法，各工聯都爲政府禁令所限，不得貲助工黨。　許多工聯雖爲政府禁令所禁止，不能捐款給工黨，然在實際上，工黨從來沒有因缺乏金錢，遂受拘束；而一千九百十三年的工聯條例遂將達夫威爾判決案取消了，工聯向來的自由也恢復了，他以後便可以加意保護一般會員。

英國工黨在政治界中已經遇着一種很困難的情形不容易措手。　第一；他不得不極力注意於自身的獨立問題。　他的黨員中有許多人，特別那些屬於鑛工同盟會的人，起初是以自由黨人的資格當選爲國會議員的，後來却被他們同盟會的命令，叫他們改黨，然他們意見是沒有改變的，就是他們的選舉區也是沒有改變的。　勞働界一班候選議員幾十年來都是以自由黨人的資格當選爲國會議員的；而在自由黨人中已經有了好些社會主義者，這些人中有幾個人是自由黨最著名的文學上的代表者，例如國會議員孟烈（Mr. L. G. Chiozza Money）就居其一。　所以工黨須時常竭力去維持他的獨立的地位。　還有一層，工黨議員中沒有幾個人是由他們自已一黨的選舉票舉出來的。　這一黨大部分代表雙額選舉區而當選的議員，當投票時，總是和自由黨人通力合作的。　其餘的工黨議員能夠當選是由於自由黨人沒有和他們競爭，所以他們雖得到工黨的援助，却也受了自由黨的扶持。　但是他們又不得不時常去侵占自由黨的議員，因爲他們只在那些曾經被別的黨派所占領的選舉區域內才能夠被選爲國會議員，在工業繁盛的選舉區域內，勞動界的勢力很大，而國會議員的名額大半爲自由黨人所奪去了。

自一千九百另六年至一千九百十年，工黨議員在國會中對於多數派自由黨的左翼，狠有影響，他們於投票時可以自由贊成或反對政府，但是他們却不能夠操勝負之權。　自一千九百十年一月選舉以後，工黨議員在國會中所負的責任比較以前更加重大。　倘若他們於投票時反對政府，那麽，占大多數的政府派便成孤立，不能夠作有效力的舉動，而他們須自已審定，或是極力幫助政府，或是反對政府逼出政府的解散國會命令。　當阿司邦恩判決案以法律明白取消之時，工黨議員的態度非常明瞭。　自此以後，他們態度也是很明瞭的，因爲他們要求國會條例和自由黨人是一樣地熱烈，他們於將來選舉時當選一事，得了充分的保證，遂贊助一千九百另九年的預算案，自治案，威爾士分立案，和選舉改良案。　還有一層，這些議案都是全國各有力的黨派所極力要求的，如果這些事件一旦過去了，那麽，工黨便沒有機會去實行他們改進社會的大計畫，這種計畫是他們黨綱的中堅部分。

但是工黨議員在國會中所持的政策，却陷於極困難的地步。　工黨中的極端派，理想派，和向來反對得勢的多數黨之少數派，看見他們在國會中的代表極力擁護現在的政府，自然是不能夠滿意。　如果工黨時常和自由黨人攜手，那麽，工黨對於勞動界究竟有什麽益處呢？爲什麼工黨議員在國會中不要求制定關於保護失業工人的法令，或婦女選舉的法令呢？爲什麼他們對於政府的事件不極力投反對票使內閣或是讓步，或是辭職呢？　蘭司柏烈（Mr. George Lansbury）在國會中是一個主張贊助政府政策的領袖，他於一千九百十二年十一月辭去議員一職，他的意思是要探視一班選舉人對於婦女選舉問題的態度如何，但是他却大大地失敗了。　然一班傾於政治理想的人，得了這種教訓，仍是不以爲戒的。

近時社會主義史（Recent Socialist History）

英國自從工黨成立以後，社會主義運動中政治上的活動，是以這一黨爲代表的。　現在我們對於別的社會主義黨派的歷史，也須略說幾句。

自一千九百另一年社會民主黨和工黨脫離關係以後，他便和社會主義運動中主要的潮流不相接近了。　社會民主黨後來變成一個理想派，他竭力爲一種理想而戰爭，有時他和各機關及各黨派單獨宣戰。　他在地方議會中也得了幾個議席，但是他在國會選舉中從來沒有得過勝利。　他的黨員中唯一的國會議員就是濁恩（Will Thorne），然濁氏是以工黨候選議員的資格，代表西部漢亭(West Hom)當選爲國會議員的，並不是以社會民主黨黨員的名義當選的。到了一千九百十一年社會民主黨和獨立勞動黨中一班不滿意的分子，及好些無黨籍的社會主義者，互相結合攏來了，他又和布拉哲佛及「格拉林派」(Clarionettes)聯絡一氣了。他們這幾派遂於同年九月三十日在薩爾夫德(Salford)開大會，另組一個新黨，叫做「英國社會黨」。但是當信德門和布拉芝佛聯合主張英國須有強壯的海軍，並且附和當時人民防預德人侵略計畫的呼聲之時，有許多新加入的著名的黨徒，都和英國社會黨脫離關係了，就是原來的舊黨員也有和他脫離關係的，如柏洛士的脫去黨籍就是一個顯例。英國社會黨人對於他們領袖的軍事主張並不附和，當一千九百十三年這一黨開會的時候，信德門不肯壓下他自己的意思去徇本黨的成見。當時黨員中一致議決贊成國際社會主義公會反對增加軍備和提倡軍國主義的議決案。他們這一次會議是在費特孫台德(Whitsuntide)的布來克堡(Blackpool)開會的，有八十五個支部的代表與會；共計出席人數有三百五十八人。這一年內各支部黨員向本部納費的，共有一萬一千三百十三人，此外欠費不繳的黨員有一萬三千至一萬四千八。　這一黨的黨員資格是以實行納費爲標準的，這是大家應當注意的地方！這一黨的正義週刊仍然是繼續發行，他又創辦一種月刊叫做英國社會主義者（The British Socialist）。　這兩種出版物都是二十世紀印刷局(The twentieth Century Press)承印的，在實際上這個印刷局就是英國社會黨的所有物。

獨立勞動黨所持的政策仍是和以前一樣，沒有什麼實質上的變化。　這一黨的各首領也是工黨的首領，而他的政治上的政策也大概是藉工黨發表出來的。　他在各地方機關裏面狠占勢力，他的黨員中約有一千八服務於地方機關中。　這一黨在滿切司特有一個印刷工場，凡黨中印刷品都在此處印行的，如勞動領袖週刊，(Labour Leader)，社會主義評論月刊（Socialist Review），無數的小冊子，和一種小版書籍，名爲「社會主義圖書」(The Socialist Library），都是由這個印刷工場印出來的，至於這些書報的投稿人就有訥塞馬克但那，阿利衞，和司諾頓(Philip Snowden)等等，他們的稿子不限定是著作，也有繙譯各國社會主義家著作的譯稿在裏面。　勞動界的國會議員有一大部分是獨立勞動黨的黨員。　這一黨所發行的社會主義者年刊（The Socialist Year Book）是格列細（J. Bruce Glasier）所編輯的，這種年刊搜羅世界社會主義的事實，極其周到。　這一黨的會長又是哈德，他所以復行當選是因一千九百十四年正當獨立勞働黨創立的第二十一週年，屆時將有一種成年會（The Coming of Age Conference），大家都希望他在這種會中做主席。　獨立勞動黨還有好些著名的領袖，如訥塞馬克但那現在是工黨的會長，司諾頓是一個最有勢力的演說家，而安德孫（W. C. Anderson）曾做會長，至一千九百十三年正三年期滿，凡知道安氏的人，都以爲他近來既在社會主義運動中占重要的位置，將來他在國會中一定也會占重要的位置啦。

獨立勞動黨於一千九百十三年開常年大會，共有一百七十六個支部的代表與會，合計人數有七百十三人。　凡黨員每月納費一辨士，合計一年中共收一千另八十四磅，照這種入款數目計算起來，至少有黨員二萬一千六百八十六人，比較從前，人數却減少了，但是這種計算是很不正確的，因爲這一黨差不多有黨員五萬人內外。　獨立勞動黨本部每年用費須二千一百八十磅，他的進款比較此數却少得多啦。　黨中因關於國會方面所應進行的事件，特徵集款項七百七十八磅。

自從獨立勞動黨成立之後，費邊會在英國全國中的各地方機關便漸次消滅了，這是我們已經說過的，但是他的倫敦本部的會員和勢力，却日日增加了。他印出一種費邊會論文，大半是將社會主義應用於特別的問題上，這種論文因為很正確，很透徹，所以極為世人所贊賞。費邊會自成立以來，每月演講兩次，一直到現在，沒有停止，因此現代大多數政客都明白他對於社會主義和政治的態度。一千九百另六年工黨的成功引起大家對於社會主義的大注意，而獨立勞動黨和費邊會因此會員大增。同時衛爾斯(Mr. H. G. Wells)對於費邊會事務，很覺得有興味，他遂依他自己的理想努力將這個會加以改造。衛氏對於這種事業在實質上沒有成功，但是他具有一種過人的精力和天才，又加以他那種宣傳主義的能幹，遂使一般人對於費邊會的行動大為注意，因此，新加入的會員，為數狠多。衛爾斯不久對於社會主義又生一種厭惡之心，遂完全捨棄這種運動，幸而他對於社會主義著過好幾部書和許多小冊子，內中有一部書叫做代替舊世界的新世界(New Worlds for old)，他這部書解釋社會主義是獨出心裁的，而他的議論又是狠宏富的，這本書在英文中要算是一部最好的社會主義的著作。

當這幾年之間，費邊會有幾個論文家在各方面都享了一種盛名。阿利衞已經久歷政界，他曾做耶墨加(Gamaica)的統治者，他是聖密查爾和聖喬治的勳爵士(Knight Commander of the st Michael and St. George)，近來他做農業和漁業部（The Board of Agriculture and Fisheries）的祕書。衞布自一千八百九十二年從殖民局退職後，便當倫敦地方會議的議員，他的功夫大半是用在和他的夫人共同著述上面，他們刊印好些書出來了，如工聯主義史（The History of Trsde Unionism），工業民主主義(Industrial Democracy)，和地方政府史（The History of Local Government）等等，無論在什麽地方，大家都承認他們的著作是狠有價値的東西。蕭伯訥已經成爲英國戲劇家中一個最著名的人物，據一般外國人的意見，他是英國現在思想家中一個最出色的人物。當衞布夫人沒有和他的丈夫結婚之時，他叫做撲特女士（Miss Beatrice Potter），此時他著一部書名爲協作運動（

The Co-operative Movement)，他遂因此出名，後來他和他的丈夫共同著述多少書出來了。到了一千九百零一年，衞布夫人被任爲貧民律皇阜委員會的會員，任期三年。這種委員會的少數報告書(Te Minority report)在實際上就是他和他的丈夫兩人做的，書中將社會主義應用於失業和貧窮諸問題上，這是解釋社會主義的應用一部最重要的書。這種報告書又爲費邊會和衞布夫人因鼓吹這種政策而組織的國民防貧委員會(The National Committee for the Prevention of Destitution)所重印，書出後銷路非常之廣，因爲書中所提議的防止失業的方法，極合道理，這是大家從來沒有看見過的，所以大家都狠歡迎他。近來衞布夫人在社會主義運動中實行擔任一種職務。

當過去幾年之間，費邊會又在各處地方組織支部，但是他這種支部的規模，比較別的黨派却小得多啦。然他在牛津大學(Oxford University)，劍橋大學(Cambridge University)和別的大學裏面都有支部，內中有幾個支部成立狠久，他們對於養成青年的見解，爲力不少，現在有好幾百個這樣的青年或是服務於公共團體中，或是擔任專門事業，或是在國會中當議員。這些人近來聯合攏來組成一個大學社會主義同盟會(The University Socialist Federation)。

費邊會有會員二千八百零四十八，此外還有五百個地方會員，他們是不屬於倫敦本部的；又有五十個地方支部和大學支部費邊會。　現在（一千九百十三年）費邊會在國會中有十二個議員，內中八個議員加入工黨，還有四個議員加入自由黨。　這個會不能夠支配他的會員政治上的行動。　會中因為各種特別問題故分作好幾組擔任研究，另外有一個考察部（a Research Department），是和本會會址相分離的，這一部的重要職員組織一個每週評論，名為新政治家(The New Statesmon)，這種報和本會雖沒有直接的關係，然他代表並且鼓吹費邊會的主義，狠有成效，有時又作會中公布一切文件的機關。　費邊會仍然繼續刊布他那種費邊會論文，無論在什麼地力，大家都認這種論文是很有價值的，他又刊行一種小版費邊會叢書，有時還兼印別的書籍。

近幾年來，費邊會和獨立勞働黨的關係愈加親密了。　到了一千九百十年，這兩種機關因為宣傳主義的緣故，共同組織一個常設聯合委員會(A Goint Standiny Committee)，這個會已經實行聯合講演的計畫，並且已經刊布好些共同的出版物。常設聯合委員會已經籌得一種基本金，然這種款項却不是從各支部或會員中捐來的。

澳洲(Australasia)

南半球的社會主義比較英國本國的社會主義還要更進一步。澳大利亞和紐西蘭(New Zealand)都是世界民主主義發達最完善的地方。這兩處地方的人民差不多都屬于英國民族，他們腦子裏面都有一種歷代相傳的自治觀念，而又不受陳朽的憲法，相異的種族，和武斷的富人政治(Plutocracy)之禍害，北美合衆國因爲有這幾樣毛病，所以社會進步，便遇了一種阻力；這兩處地方既具有一種很好的特別情形，所以他們便造成好些政府式的組織。這是各國所羨慕而嫉視的。

澳洲的社會主義具兩種組織。第一，各處政府是一種眞正平民的政府，而國家事業和私人事業的區別，並不明瞭。一般人民自己聯合攏來，組成一個政府，因此發達爲一個新國家：無論在什麼時候，如果一個私人自己不能夠舉辦的事業，他自然要藉助于公共所組織的國家，因爲這種國家更容易從歐洲輸入廉價的資本，這是他一個人所做不到的。 澳洲各政府除掉近幾年來情形略微不同外，從前做事沒有依照什麼學說，也沒有遵守什麼主義，然他們却已舉辦各種集合的事業，從鐵路起一直到小商業止，如代替生產者輸出牛酪，羊肉，蘋菓，和兔子等到倫敦出賣，就是一個例。 紐西蘭的國有煤礦，南部和西部澳大利亞的採礦機器，以及生命保險，火災保險，公共托辣司 (Public Trustee) 等等都是澳洲所首創的政府事業，內中有幾種事業或是已經爲歐洲各國所仿行，或是卽刻就會爲他們所試辦。

澳洲既沒有貴族政治，富人政治，又沒有什麼政府職務的陳說，所以工人階級遂利用國家權力去保護他們的勞力，這就和各先進國的專業階級——醫生，律師，教員，和僧侶——一樣，許久以前，他們的專業組織就得了國家的承認，保護，和特權。 澳洲的勞働法令非常之多，討論和記載這樁事的大部頭書籍不知道有多少，我們現在要想把這種法令詳細敍述出來，簡直是不可能的事體。 這種勞働法令中最重要的是：(一)養老銀，這是一千八百九十八年在紐西蘭第一次通過的；(二)最小限度工資部(Minimum Wages Boards)，這是一千八百九十六年在維多利亞所組織的；(三)對于勞働界紛爭的强迫仲裁制，紐西蘭和南部澳大利亞都于一千八百九十四年採用此制；(四)工廠條例的詳細法典；(五)教育條例；(六)規定中國人，卡拿卡人(Kanakas)，和别的非歐洲種族移入的條例——白人的澳大利亞是工黨黨綱中最重要的條文(七)土地條例，這多半是受了顯理喬治的影響，條例的內容是破除大産業制，保護定居的農民，處罰擁有土地而不寄住在這種土地上的人，又凡不勞而獲的進款都課以重税。

澳洲各黨對于這種法令都一致通過了。近來勞働界有了組織，就取一種敏捷的步驟，努力前進，但是工黨在最近十年中才居一種重要位置，以前有許多事件在他得勢之先，已經弄好了。澳洲在民主主義的立法方面，也先人一着。一千八百九十三年紐西蘭的婦女首先得到議會選舉權，到了現在澳洲婦女都有選舉權。選舉人註冊是很簡單的，總計澳洲全部人口被登錄而有選舉權的人占百分之五十四分。

就上面的大概情形看起來，我們便知道歐洲一般社會主義者所要即刻實行的計畫，有許多在澳洲已經成爲法律了，關于這椿事的實現，工黨固有幾分力量，然大概還是由一般人民的志願造成的。　我們現在須轉入澳洲社會主義的第二種組織，就是工黨。

一千八百八十九年倫敦船塢運貨工人同盟罷工，遂引起澳大利亞工人的同情，到了一千八百九十年澳大利亞船塢運貨工人也舉行大同盟罷工，並且蔓延于各項工業，然罷工的結果完全失敗了。　工聯主義既受了一種打擊，於是工人階級遂轉入政治方面去求達他們的目的，他們于同年之中在新南威爾士組織一個工界選舉同盟會Labour Electoral League。　澳大利亞議會是由一百四十一人而成的，當一千八百九十一年六月選舉的時候，工界選舉同盟會舉出三十五個議員，一個新組織的黨派得了這種勝利，眞是令人驚訝不止。　新南威爾士最熱烈的問題就是保護勞働問題，工黨因此遂起分裂，好幾年來這種問題沒有解決，這是因一班得勢的狡猾政客當這種問題正要解決之際，時常任意操縱，百般阻擾的緣故。

澳洲各處各黨的興衰如何，此處也不用詳說。　總之，工黨已經漸次發達，大有推倒其餘兩黨之勢，現在澳大利亞的工黨和非工黨在實際上成爲兩種對峙的勢力。　「排工」(Antir Labour) 這個名詞是他們所習用的，他本含有反對主義的意思在裏面，然在事實上他們兩黨間不同之點不過是一種程度問題罷了。　當一千九百零四年的時候，第一次共和工黨政府（Commonwealth Labour Government)成立了：自一千九百零八年至一千九百零九年，第二次共和工黨政府又再出現，到了一千九百十年費協(Hon. A. Fisher)當國務總理；一連三年，至一千九百十三年他于大選舉中却爲最小限度的多數票所敗。　現在工黨在上議院中仍然是占大多數。　自由黨人在下議院中因議長之决定的投票(Casting Vote)遂占得優勢。　我們特將澳大利亞的工黨內閣另製一表，列入附錄中。

紐西蘭的進步所取的途徑却和澳洲各處不同。　一千八百九十年立夫司(Hon. W. Pember Reeves) 等合力組織一個自由勞働黨(A Liberal-Labour Party)；當一千八百九十三年的時候，有一個曾從蘭卡協來的礦工叫做息當 (Richard Seddon) 因紐西蘭國務總理巴蘭士(Mr. Ballance) 死了，遂繼他的後任做總理，自由勞働黨在息氏指導之下，統治紐西蘭至十三年之久，這一黨在七次大選舉之中連接得到勝利。　息當死于一千九百零六年，當一千九百十一年大選舉的時候，各黨派大概是勢均力敵的，但是內閣却受攻擊，因此一班閣員遂于一千九百十二年二月全體辭職。　近來有人組織一個社會民主黨，這個黨和德國社會民主黨相比較，略有幾分相像，他和工聯主義是很相接近的；紐西蘭將來政治上的組織，似乎有取法于他的大隣邦澳大利亞的趨勢。

澳大利亞尚有一個社會黨，但是他和我們曾經說過的幾個黨派比較起來，實在是不很重要。　澳洲社會主義最有趣味的特點就是他那種天然的發展。　國家經營工業和國家保護勞働兩椿事所以發生，是由于十九世紀一種優秀的民族移殖于一個新國家的結果：而勞動界政治上的組織所以起源，是由于勞動界朦朦朧朧知道了他們的權利，於是忽然間發現他們的勢力了。　他們既沒有什麼大領袖替他們組織一個黨，或是草擬一種政策：也沒有什麼哲學家替他們指出一條路：各種事件所以發生，都是因爲這些事件與環境相合；因爲人民由經驗中覺得這些事件是他們所需要的。

第十五章　社會主義通論 (A General View of Socialism)

我們在以前十幾章裏面已經將歷史的社會主義中各重要派別的起源和原則約略說明了。

聖西門，傅立葉，和渦文的黨徒所作所為的，是要造出一種現成的和完全的社會主義。路易柏郎和拉塞爾共同主張一種以民主主義的原則為基礎的社會組織，並且主張由一種民主主義的國家去創辦生產協會。渦文所主張的社會團體，傅立葉所創辦的共產團體，和巴枯甯所提倡的自由區，論他們的體制都顯然是相同的。

我們在社會主義史中看見有兩種對峙的傾向：一種傾向是注重國家方面和中央集權的，一種傾向是以地方團體為根本上的組織的。這兩種對峙的傾向在初期的法國社會主義中，就是，在聖西門和傅立葉兩派之中，界限是非常顯明的。路易柏郎和拉塞爾所提倡的生產協會要求國家加以保證，並且極力主張這種生產協會應當享有自治之權，應當得自由發展。拉柏爾塔斯的社會主義也是極注重中央集權一方面的。馬克思派雖不能說是極力主張中央集權的政策，然他們在國際工人協會中却和巴枯甯的無政府主義派作猛烈的爭鬥。他們這種爭鬥不過是起于權力與秩序，和個人自由與地方自由關係的舊問題，這種問題是時常出現于社會上的，也是不能夠用一種絕對的原則去解決的。

社會主義的各派別中雖有許多相同之點，然若將他們各種組織不論過去或現在，併為一談，那就大錯了。這些組織不過是社會主義運動中所經過的局面罷了，至于社會主義運動自身是永久存在的。然社會主義如果已經顯出一種永久存在的證據，他也已經經過許多的變化，在將來的時候，他一定還要經過多少變遷。我們現在的職務是考究社會主義運動的意義，傾向，和價值。

我們所遇着的問題是一種應用歷史來解釋的問題。這不是一種學理上的問題，能夠藉臆舉學說派別，互相比較之力來解決的。

社會主義運動如果已經完成了，告終了，那麼，做歷史的人只須細心將他剖解並且總括起來就成了。但是社會主義運動並沒有完成；他正在進行之際—或者他還在初期之中。所以我們討論社會主義運動這個問題，不獨是當以歷史和人類為準則，還須特別參攷現在流行的各種勢力—工業的，政治的，社會的，和道德的勢力。

社會主義不是一種抽象的制度，但是一椿運動不止的東西，我們要想對于社會主義作一種合理的解釋，不能不注意這一點。社會主義並沒有取一種固定的形式，無論是馬克思式或是別種式，社會主義從來沒有與之結合，執固不變，他是以眞實爲根據的，他雖鑄造事實，然他必使他自己和這種事實相合。還有一椿最要緊的事是我們所當注意的，社會主義是要代表千百萬受痛苦的人類之熱望，求得一種適當的生活。

我們如果稍微考究歷史上的社會主義，我們便知道社會主義在經濟學中雖是富于新思想，然他都因用之過度，遂傷了他的本來面目。一般人應用社會主義去討論社會問題，大概是過于矯揉造作，過于武斷，並且過于偏執。爲前一般理論家簡直是絲毫不懂社會進化的原則。後來有許多有力的社會主義者以爲革命是社會進步的樞紐，他們對于這一點也過于重視。他們中間有大多數人指摘自由競爭未免太過了一點火。老實說，他們通常的議論就是對于現社會一概抹殺，他們對于將來抱有種種希望，然他們却忘記了將來是由現在演進的。

以前的社會主義常流于偏執的和空虛的正宗派，他要想以俠義的和尚未成熟的學說去解決一切問題。　當歐洲大陸社會主義流入英美兩國之際，這種情形尤特別顯著：歐洲大陸社會主義本發生于一種特別的環境之中，然一班社會主義者輒想英美兩國完全採納大陸式的社會主義。　他們沒有認淸近世的生活變化是很大的，情形是很複雜的，無論那一派社會主義包羅如何宏富，彈力性如何充足，總是不能夠範圍這種生活的。

還有一層，社會主義的學說，有許多地方不是以社會安甯爲不可少的正義爲基礎，去改良家庭，教導家庭，他却大有擾亂家庭的傾向。

以前的社會主義，對于別種問題，如資本，租金，和利息等等，也犯了同樣武斷和偏執的弊病，這是顯然無疑的。　但是歷史上的社會主義種種過當之處，既非常顯明，那麽，我們對于這一方面，就不必詳說。　許多歷史上的制度，初起之時都含有好些不良的分子在裏面，到了後來才將這些不良的分子都排除淨盡了，這是我們所當注意的。　社會主義是一種運動，也是經濟思想中一種系統，現在正在發達之中。　凡社會主義的學說必須經過一種繼續的爭辯，討論，和批評的時期。　社會主義全部運動必須經過種種艱難險阻，才能夠實現他他的理想。

歷來所行的經濟制度總是名不符實的。 封建制度不是一種固定的制度，他在歐洲各國中各具有一種特別的形式，而一國之中又時時不同。 自由競爭制度從來沒有完全實行于一個社會之中，無論在什麼地方，這種制度總是爲人情風俗，國家及社會的利益，和道德等所限制的。 亞丹斯密是一個擁護天賦自由的大家，他却不以自由競爭制度爲一種抽象的和惟一的原則，他主張在私人企業之中，有許多地方須由國家予以援助。 我們只能夠說自由競爭制度在世界各先進國中久已成爲一種正式的或通行的制度。 我們對于社會主義也是一樣地看待，當某幾種歷史上的情形實現之後，我們只能夠說社會主義是經濟組織和社會組織中一種正式的或通行的制度罷了。

德國一班社會主義者受了普魯士式政府和國家論的影響非常之大。 拉伯爾塔斯的思想方法完全是屬于普魯士式，這也不足驚怪，但是馬克思當少年時代在德國所習聞的理論，畢竟大有影響于他一生，這是環境支配人類的一個顯例。 馬氏一生大概是以普魯士和黑格爾為他的政治上和哲學上的思想標準。　死格訥和狎夫爾兩人的社會主義觀，也是屬于同一的性質，這也是很自然的。　他們以為社會主義就是一種中央集權制度，一切事件，全是由上面的總機關主持的。　這種見解和一般習慣于中央專制及軍國主義的人民或者還適宜，他和英國人的觀念完全是相反對的。　一種工業的和經濟的制度如果令人覺得處處有普魯士軍隊，警察，和官僚在眼前；那麽，一般吸過自由空氣的人，對於這種制度必不動心的。

但是我們現在還有一個問題比較上面的種種批評還更加重要，這是我們所急當注意的。這個問題就是社會主義對於人類進步所貢獻的實在和永久的東西究竟是什麽？

社會主義對于人類進步所貢獻的東西大概如下：—

第一，社會主義已經使政治經濟學的歷史觀盛行于世了。　社會主義的概念基于社會經濟變遷的觀念。　一般社會主義者因此自然要去研究經濟組織的起源，發達，衰落，和顛覆。　黑格爾和達爾文所發生的影響，已經使一般社會主義者將歷史上經濟學的觀念，併入于一種更廣大和更徹底的進化概念之中，關于這一點我們後來一定會看見的。　英國一班社會主義者都是些促進經濟學研究的主要人物，他們使研究經濟學的人由普通觀察點進而至于歷史的觀察點，再由歷史的觀察點進而至于進化的觀察點。

第二，社會主義已經使政治經濟學的道德觀，範圍大加擴充了。社會主義時常告訴大家，凡社會中一切藝術的和經濟的組織，當附屬于人類安甯幸福之下，凡道德上的原則應當推行于工業活動和商業活動的全部範圍之中。有人反對社會主義以爲只注重人性中低等慾望和本能，這一說是很不公道的。如果他們要下一種更合理的批評，他們就應當說社會主義能養成一種大公無我之德，這是人性平常的發達所難達到的。

第三，社會主義已經極力把貧民的主張明白表出于文明世界之前了。人類中一般受苦痛之人的利益，從來是沒有多少人過問的，從來是爲大家所極疎忽的，現在這椿事在各進步的國家裏面却已成爲一種最重大和最緊要的問題了，這要算是社會主義的煽動和討論中一種久遠的結果。這種問題對于民主主義的大運動，予以一種實在的基礎和眞正的意義，大家如果把這種大運動僅僅看做一種政治上的爭鬥，那就是大錯了。貧民的主張在將來會成爲一種熱烈的問題，這種問題，和一切政治上的問題相比較，利害關係更大，性質更加嚴重。

第四，社會主義對於現在的社會經濟制度已經下了一種詳細的批評。凡社會中一切痛苦可以說是他都診斷過一番。他惟一可訾議的地方，就是他對於社會痛苦的診斷案總是過於誇大的。然一般頭腦清爽的人將承認社會主義對於現在自由競爭制度所下的批評，因有下列各種情形的反證，所以他內中雖不能說完全不錯，總有一大半是很對的：——

（一）作工的人無論在那一個社會裏面，總是占最大多數的，然他們所處的地位却和道德觀念是不相容的。他們大半是陷於退化，墮落，和痛苦之中。我們對於大多數人類總想使他們達於一種適當的境遇，然就工人所處的地位而論，便完全和我們的希望是不相符的，因爲他們是處於一種不安全的，附屬的，和卑賤的地位。他們對於他們最關切的利益，不能作一種合理的支配；他們的家宅，日食，和老年儲蓄，都沒有一種確實的保護。他們的自由是一種僞自由，因是這種自由底下沒有堅固的經濟基礎。

（二）現在所盛行的自由競爭制度，大半是一種極紛亂的制度，這不是一種偶然之事，這是他的性質使然的。　這種紛亂的狀況表現出來有兩種大而且毒的形態：一種形態是同盟能工，這是一種工業的戰爭，大部分人口常因此受種種痛苦和危險，有時全國人民的工業生活和社會生活都因此大起恐慌；還有一種形態是商業上的危機；這種危機所發生的惡影響比較同盟能工還更加利害，他一旦起來了便和暴風雨一般，蔓延於文明世界的全部，使許多安分營業的商店同遭禍害，並且使千百萬無辜的人民都陷於饑餓和滅亡之境；然他們對於這種危機實不能負絲毫的責任。　英國現在商業上的危機雖然不常見，然却又起了一種商業停滯的弊病，而一般有關係的人因商業停滯所受的痛苦，仍然是和從前一樣的。

（三）浪費是自由競爭制度中一種特點，當工業上和商業上發生大危機之際，這種現象尤特別顯著。　不獨工業中消費的產物是浪費了，就是種種生產物如機器和船舶等，都通通損壞了，而同時却有大多數人，沒有事做以致於餓死。

（四）現行的自由競爭制度又養成一種混雜的游惰階級，這種階級中有些人是很富的，有些人是很窮的，然他們都却要工人供養他們，所以他們對於工人加上一種負擔。

（五）現行的自由競爭制度又足以使各種工業產出大宗劣等的和不精緻的貨物。　無論在那一項工業裏面，廉價總是一個最顯著的特點。

（六）我們在國民生活中的道德標準，無論在那一部分，總是爲一種發達過度的商業的精神和營利的精神所敗壞了。　沒有一種階級或一種職業能夠免去這種影響。

（七）因上面種種原因遂生出一種共同的結果，就是，人類境遇的不平等，社會中時常現出一種紛亂的狀況，而工人在自由競爭制度之下所處的地位過於卑賤；這幾椿事是苦惱的永久之原因，也是社會上一種大危險。　現在工人的境遇已經增進了；但是這種增進的程度和他們知識上的進步，生活上的需要，及權利觀念的發達，是否相稱，還是一個疑問。　民主主義的進步不僅是一椿政治上的事體，我們特再在此處鄭重聲明一下。　民主主義的進步是大多數人民中知識上和高尚優美的需要上一種繼續的發達，是勞動界對於他們所要求的權利，認識愈加明白的表徵，是組織能力愈加發達的明證，也是道德和知識的界線愈加擴大的預兆。　我們看見一般工人在一方面道德上和智識上都日有進步，而在他方面却處於一種不安全和卑賤的傭工地位，任人操縱，因此我們在現在的社會安甯中便發見一種大危險，而同時我們又發見社會進步中一種極好的保證。進步是由爭鬥中得來的，而圓滿是由痛苦中得來的，歷來是這樣的，現在還是這樣的。

社會主義極注重於進步一方面，他對於人類已經是盡力不少，這是每個有理性的人所不能夠否認的。社會主義使工人階級從一種麻木無知的狀態中，驚醒起來了，而同時他對於一般在生存競爭中得到勝利的人所持的樂觀主義予以一種打擊。

社會主義對於社會所下的批評是很有價值的，但他的效力大概是屬於消極一方面的。然我們可以說如果把社會主義中所夾帶的唯物論和種種偏於革命的，絕對的，及抽象的分子除去，他對於人類進步一定有一種積極的和實在的貢獻，這一樁事比較什麼批評還要更有價值些。

現今經濟制度的特點就是各項工業是由互相競爭的資本家所經營，而爲賺錢過活的傭工所製造的，這樁事在前幾章中已經說得很明白了。將來的工業依社會主義的學說須由自由聯合攏來的工人，準情酌理，利用一種聯合的資本，同共經營，所得的產物用一種平均分配的制度分給作工的人。凡歷史上一種大運動的眞意義不是一種正式的宣言所能夠表明出來，恰當不易的，這是我們曾經說過的。但是我們相信舊制度和新制度的對照，是能夠用一種宣言將他簡單恰當說明出來的。

穆勒關於將來的工業組織，曾發表一種很妥當的宣言，他說：「人類如果繼續進步，那麼，我們所希望最後盛行的生產協會的組織，決不是以資本家為主而一般工人絲毫不能干預的工業組織，將來的生產協會，一定是工人自己以平等為基礎組合攏來的，他們共同擁有資本，共同勞動，他們社會中所有經理人都是他們公舉出來的，這些經理人是可以隨時更動的。」

穆勒對於這個問題所具的意見是由研究英法兩國社會主義家的學說得來的，我們可以在此處附帶聲明一下。穆氏的辨別力是很好的，所以他沒有為這些著作家的烏託邦理想所炫惑，他對於德國特別的思想方法不表同情，所以他沒有信從德國學者的抽象論之傾向。因此他的社會主義觀比較別的著多經濟學家的社會主義觀，在實質上更加合理，更加適合於英國人和普通一班人的心理。

社會主義的眞意義表現於社會發展種種主要的潮流之中，大家如果細心考察便知道的。在一方面工業革命的效果已經將生產和分配的方法都集中於極大的團體之中。現在只有大資本才可以經營工業，收到效果。至於以小資本由私人管理去經營工業，這種時期已經過去了。這種用小資本營業之事，在特別的情形之中，或者還可繼續下去，但是我們不能再算他爲一種正式的或通行的工業組織了。在他方面，近世民主主義所代表的大多數人民，可以如法要求他們對於管理他們自己經濟上和社會上的利益，不能夠再被拒絕了。土地及資本已經是和工人互相分離了，現在他們要求這種盛極一時的分離現象應當終止，這種要求是合理的，是正當的。要想這種分離的現象能夠終止，要想大多數人民能夠復享有土地和資本的所有權及管理權，只有藉助於聯合的原則。這就是社會主義的基礎，這是我們現時社會發展中種種經常的和主要的勢力所表現出來的。我們在本書的敘論中曾說明過，社會主義是兩大革命的苗裔，——工業革命，和因近世民主主義而起的社會上及政治上的大變遷。

照這樣講起來，社會主義的意義就是，將來標準的社會組織，將為一種聯合的或是協作的組織，也應當是一種聯合的或協作的組織。社會主義就是要使自由聯合的工人，去經營工業。大工業發達之後，社會主義的發達一定會跟着出現的；社會主義將準情酌理，依照科學的和有系統的方法，應用工業革命時所發明的機器，去提高大多數人民的生活程度。

這種情形是工業和經濟組織的一種新形式，要實行起來，須由經驗去決定一切進行的方法。我們決不可應用這種新制度，一成不變。我們不能夠勉强促成這種變化，去改造社會。一種變化如果和人類的根本律或社會發展的大潮流是相反的，那麽，世界上沒有一種革命的暴力能夠達到完成這種變化的目的。凡一種變化的實現，第一就靠大多數人民道德上的進步，我們如果想及這一點，那麽，上面一句的意思便愈加顯明了。一個人的性質是不能夠用術法去改正的；只有外界的環境和內部的道德心相合攏來，才能夠將他的性質確實加以改良。所以社會主義所主張的新組織，要有能夠實行的相當證據表現出來，才能夠在社會中占一個位置，除此以外，就是現今自由競爭制度的勢力範圍了。

現在我們可以進而考究社會主義對於進化的原則有什麼關係。

進化的觀念在社會主義的學說史上有很大的影響。 自聖西門起，大多數社會主義者都承認人類的經濟發達當分作三種時期—奴隸制，田奴制，和傭工制—他們相信最後這種時期將有一種應用共同資本去共同勞動的時期，做他的替身。 社會主義既注重於歷史上繼續的社會經濟之變遷，那麼，社會發達觀的確可以視為社會主義所必不可少的。

馬克思和拉塞爾兩人是在黑格爾派中淘養出來的，他們自然是將黑氏的社會發達說應用於一切社會問題上面。 經濟上的現象就是歷史上的現象，這條原則，是拉塞爾所極注重的，他和一般工人一樣，將這條原則攙入更廣大和更重要的進化觀中，於是歷史的經濟學便變為進化的經濟學了。

後來有許多社會主義者於達爾文的進化論中發見有許多地方可以和他們的社會發達觀互相發明。

但是有許多學者以為達氏的進化論所登出來的議論是極力反對社會主義的。 達氏的生存競爭說和社會主義所想像的利益調和說怎樣能夠相合呢？　馬克思派以爲時常出現於歷史上的階級戰爭可以藉一次大革命將他收束，以後永不再現，這不是他們的烏託邦理想嗎？

自由競爭是社會主義者的眼中釘，其實這種競爭不過是生存競爭中一種社會經濟的形態罷了。　自由競爭不是社會進步的重要條件嗎？社會主義不是和社會進步不相容嗎？

我們現在遇着一個兩重的問題，就是，社會主義是否承認進化的諸主要原則，又是否承認社會進步的重要條件？

當人類歷史最初各時期中，所謂競爭不過是一種鬭存的競爭，在實際上和下等動物的競爭相差不遠；但是當時代向前推移不止，而競爭的範圍便逐漸推廣了。　然競爭中主要的原動力總是一種自私自利的原則。　總之自古至今，初由殺戮弱小的人民一變而爲奴隸人民之制，再由奴隸制而變爲田奴制，復由田奴制而轉入於競爭的自由勞動制（The system of competitiue free lalour），這樣的變遷不過是將那種自私自利的原則略微矯正一點罷了。世界上有一種生活改善的理想在人事中是很占勢力的，他的影響似乎是一天一天大起來了。

然我們不能夠確實說那些創造奴隸制，田奴制，或自由競爭制的人，都是為一種理想或倫理上高尚的原動力所鼓動而後這樣去做的。生活改善雖是由於那種自私自利的原則略微矯正的結果，然也是社會必然的進步促成的，我們關於這一點應當認淸。

照上面所說的看起來，在最初各時期中，生存競爭不過是一種圖存的競爭，到了後來，生存競爭便變成一種奪取特權或高位的競爭了。在許多歷史上的爭鬥之中，一班得到勝利的人，將政府中種種高尙的事業，戰爭，和行獵等等，都留給自已去做，而那些失敗的人就須應用自己的勞力，去預備各種生活品，供給他們的主人和他們自己。生活於一個會社裏面，要求優美的位置，仍然是要繼續競爭的。這是一種特別目的的競爭，這種情形是手工勞動界中所沒有的。

自由競爭制度是生存競爭中一種最新的形態。這種制度不是出於偶然的，是種種在歷史上占重要位置的勢力所生的結果。大家旣覺得自由勞動（Free labour）比較奴隸勞動（Servile labour）要更加有效，於是自由勞動的時期便到了。田奴制是封建制度的一部分，而封建制度在極端中央集權的國家之前便衰落下來了。凡在勢力極大的中央政府支配之下的社會中，生存競爭所取的形態是自由競爭制度；這就是在强有力的政府所施行的合法條規之下的工業自由。在社會最初和不定的狀況之中，生存競爭時常是依種種直接的和强迫的方法決定的。以前人類殺戮他們的仇敵：到了現在，他們便將他們的仇敵廉價出賣。

自由競爭制度，不用說，已經是一種選擇的方法，他把一班「最適於生存」的人（Fittest men）都抬舉起來了，或是做工業上的首領，或是做社會上的領袖。

生存競爭在人類歷史中既已經繼續到現在，那麼，將來一定也是會連接下去的。我們現在惟一無二的問題，就是生存競爭在現今幾乎彌蔓全世界的經濟和政治的情形之中，將具一種什麼形態。

然社會進步不是僅由生存競爭而決定的。社會進步是由於許多原則的調和及互相作用而促成的。社會發達這個大問題含有進步的問題在裏面，我們要研究這個大問題，應當從下面所舉的幾條着眼。這幾條不是和達爾文生存競爭的學說相反的，這是我們所當規定的前提；他們是補足達氏的學說的，他們是矯正達氏學說中狹義和片面的觀念的。

（一）人類在政治上，社會上，和倫理上的發達史，大概就是把生存競爭竭力納入軌道的一種紀事。社會進步第一就在乎倫理上的原則，能夠逐漸得勢，去支配各種自私，自大，放縱，和暴戾等事，這些事都是生存競爭所引起來的。換一句話來說，社會進步第一就在乎法律，命令，和道德，能夠逐漸得勢去支配那種自私自利的原則過當之處，這種原則就是私人競爭的根據地。我們不能夠說這樁事就盡了人類倫理發達的意義，但這樁事却是倫理發達中一最重要的方面。

所以倫理上的要素，在人類進步中，是一種極關緊要的要素，但他和通常社會及政治進步是共進的。當人類從沒有歷史以前的黑暗時期初出來的時候，我們看見倫理要素所表現出來的形態是最粗的，最單純的，後來他逐漸發達，成為一種高尚的和複雜的理想，這種理想是由知識進步和同情的範圍擴大所構成的。總之，人類的進步已經是以眞，美，善，的實現為目標，繼續努力，總求達到這種目標，大概每一代總有一代的成績。

我們不是說生存競爭因此就不要了。 生存競爭和規正生存競爭這兩椿事，在人類進步中更演成一種時期，而這種時期中的社會和倫理方面比較從前要更高一等。 人類的競爭大概比較達爾文所敍述的別種動物的競爭程度要更高一等。 有許多人以淸爽的腦筋，和健全的精力，竭力求達他們社會上和倫理上的目的，生存競爭在這些人中間是一種知識上的競爭，而這種知識的發達是永遠不會停止的。 在這種競爭之中，如果我們所得的結果，遠不及我們所預期的目的，這是因我們的知識和做爭的方法雖比從前增進了，然仍是很不完全的緣故。

在動物界中我們所稱的天然的選擇，(Natural selection) 到了人類歷史上，就變了形態，化爲一種高尙的理想；他便成爲社會的選擇 (Social selection)了。 我們也可以稱這種社會選擇爲天擇，不過我們應當注意社會選擇中種種要素的性質所起的大變化罷了。 當我們在每一種時期之中，看見道德和知識的發達之時，我們應當特別注意，一般社會主義家所爭的新社會，是由自由聯合的人民而成立的，這些人民一舉一動都是以高尙的倫理，和技術的目標及理想爲根據的。

然世界上有些人以爲生存競爭就是人類進步中一個惟一的樞紐，這眞是太褊狹，太偏執，這眞是世間所少有的。他們對於競爭的觀念作這種片面的主張，就是不承認世界倫理上充分的發達。

社會主義是要繼續促進倫理上和社會上的發達，使他日進不已，達於我們曾經說過的進步中一種更高的地步；社會主義是要將社會中種種自然的經濟勢力都納於理性，道德上的原則，和美的理想之中；社會主義是要將人生生活中所應用的技術和機器，以及種種物質的，和經濟的要素，用一種從來沒有用過的方法，去增進人類的幸福；因此社會主義就達到推廣人類倫理上的自由和公理於世界的目的了。自由競爭制度在生存競爭中是一種最新的局面，而社會主義在人類進步所慣取的途徑中，也是矯正自由競爭制度的一種最新的學說。

凡一種合理的社會主義一定可以經過上面所列的幾種試驗，決不要將這幾種試驗的程度減低，或是範圍縮小。

(二)然這種倫理的進步中有一方面是應當特別考慮的。人類倫理上的進步就是社交，合羣，或聯結各原則的發達。這種原則在家庭中最占勢力；如男女的結合，彼此犧牲自己的利益，和母親對於子女的犧牲，都是這種原則的表現。從歷史上講起來，這種合羣的原則已經從一部落發達成種種範圍更廣和內容更複雜的組織—城鎮，國家，和種族—後來他所包含的範圍更大，將把人類全體合成一家了。這就是說，這種合羣的原則最後大有變成國際上的原則之勢，所以倫理上和社會上的普通義務可以範圍人類全體—這種情形距實現之期仍然是很遠的，但是他現在正在進行之中。

在人類發展之中，有兩種要素是極關重要的，就是腦力的發達和合羣原則的發達。這兩種要素的關係是很密切的，而一個人的腦力又和他的體力的發達是平行的，關於這兩點差不多不用我們多說。人類所以獨占優勝，是由於他們的腦力健全和他們能夠因公共目的，隨時合羣，不是由於他們的體力強壯或具有勇敢之氣，因為關於這兩點，別的動物要比他們強得多啦。人類文明全史可以證明腦力的發達和合羣原則的發達這兩種要素的勢力之偉大，因爲我們如果說凡腦力優强和家庭及社會道德發達的團體和種族，總是昌盛的，這句話是一種很顯著的眞理。一種合理的社會主義可以說就是聯合人類的智識，爲公共的利益，去制勝天然界的產物。社會主義在這一方面的成功，就在乎使人類沿着進步中曾經試驗過的路綫繼續進行。

合羣的原則在人類發達中占一種特別重要的位置。然我們還看見生存競爭和合羣的原則有密切的關係，並且生存競爭活動的範圍也是很寬的。生存競爭不獨是一種私人間的競爭。他也是一種一部落和他部落的競爭，一城市和他城市的競爭，一國家和他國家的競爭，一種族和他種族的競爭。還有一層，在現今的社會中，生存競爭是一種階級間的競爭。生存競爭的情形是很顯明的，用不着舉例來說明，他在社會上所表現出來的形態是最複襍的，他在世界歷史上所發生的影響是極大的。生存競爭愈加激烈，遂養成人類幾種最好的性質出來了——發明力，組織力，服從紀律，熱心，豪勇，和犧牲。競爭一事在許多方面看起來，本是很可恨的，然他却是人類的一種大訓練。

近世歐洲史是生存競爭之重要的顯例。　歐洲有許多國際團體，彼此的關係是很密切的，然彼此都是獨立的，都是互相競爭的，歐洲的進步大半就由於這種事實。　這些團體在每一方面活動之時，彼此都增長經驗，彼此都繼續競爭，互相策勵。　每一個團體如果看見他的敵手採用各種新改革計畫，他一定要照樣去做，有時便因此衰落甚至於顛覆了。　舊世界的中國和日本，新世界的墨西哥各州和祕魯都是彼此孤立的，所以這些國際團體都沒有進步。

歐洲各國國際團體彼此競爭是很激烈的，很艱苦的，他們在這種情形之中要想制勝，那麼，一種適於發達大多數人民的智識，精力，和熱忱，的社會組織，便愈加緊要了。　民主主義和社會主義的前途差不多全靠他們如何增進他們組織的利益。　因爲社會組織的形式如何，也是一種競爭。　倘若一個團體採用一種更好的組織，他的對手的各團體必爭相效尤。　歐洲各國一經看出教育普及和軍役普及使普魯士在歐洲戰爭中占了一種特別的優勢，他們便極力模仿普魯士，熱心籌辦這兩件事體。

照這樣看起來，合羣的原則在人類文明史上雖發達了，生存競爭仍然是不會消滅的。

生存競爭仍然是繼續不止的，並且他的情形愈加複雜，他的範圍愈加擴大，而參預這種競爭中有組織的人數也愈加增多，他們所用的武器愈加利害，他們所耗的貲財也愈加無數了。

(三)我們如果把生存競爭看做一種人種教育(The Education of the Human Race)，那麼，便是歷史上一種最有趣味的東西。社會進步是一種長時期訓練的結果；而這種訓練時常是最嚴厲的。人類向進步的途徑前進，似乎是要有一種激刺物去催促他們，才不致停止不進。

生存競爭說對於人類教育上發出一道新光。世界各國向來就是彼此互相取法的；而自由競爭制度對於一般和他有關連的人，已經是一種訓練。社會主義如果為大家所正當了解，可以看做人類訓練中一種新局面。因為從現時過渡到社會主義時代這樁事如果是辦得到，也是很困難的，決不像一般人所猜想那樣容易的。這種變化一定是漸進的，預先必須做一番預備功夫，使大多數人民的知識，道德，習慣，和組織，都合於一種更高的社會經濟的生活。工人階級如果都是孤立的私人，那麼，他們就沒有成功的希望。他們要想圖進步，只有於聯合，謹慎，自治，自制，愼選首領，忠誠，對於有益的事業堅持到底，這幾點身體力行。這幾種德性在他們裏面，因工聯和協作社會的作用，已經有了萌芽了。社會主義發展的進程，足以促進社會經濟教育的進程。

所以社會主義可以說是替一般具有先知卓見的人準備一種經濟的和社會的訓練，他特別替工人階級準備一種經濟的和社會的訓練，因爲這些人是他的特別代表者和提倡者。社會主義將以一種新局面和新機會貢獻於工人階級全體之前。但是社會主義也將成爲社會選擇的一種方法；因爲他雖是向大家說法的，然他一定會引動一般最適於生存的，和最有價值的人，使他們去做各種偉大的事業。

社會主義思潮的勢力在各文明國中，大概仍是偏於理論一方面的。至於實行方面，仍是自由競爭制度占優勢，不過這種制度已經有了許多很重要的變化罷了；大家對於舊政治經濟學的信仰之心雖大減，然因他對於現今工作制度，有一種合理的詳細剖解，所以他仍然是根據很深的。 如果有人問我們，究竟有什麼理由，使大家相信社會主義的理想將成爲一種事實，我們只能夠指出種種傾於社會主義的表徵或傾向，不能夠指明他和近世工業發達相稱的一定的結果出來。

然這些傾向是很要的，並且是顯然增進了。 下面所列的各條就是這些傾向所取的主要的途徑：——

一、國家本可以看做一種大規模的人類聯合社，所以國家在團體的組織中，必定占活動的大部分。

二、地方自治區是人民因地方事業而組織的團體。

近來國家和地方自治區因爲替公衆謀利益，已經將活動的範圍大大地擴充了，這是人人所知道的，所以我們在這一方面不用多說。 但是我們所要說明的地方就是，爲方便起見，我們將國家和地方自治區看做一體，因爲這兩種機關在實際上是互相補助的。 在一種組織完善的國民中，國家和地方自治區必不立於於眞正反對的地位。 據現今的情形看起來，地方團體如果和中央政府沒有一種相當的關係，那麼，地方生活一定不能夠繁盛；中央政府對於地方自治區要想措施悉當，命令有效，也只有允許地方自治區以一種相當的活動之範圍。國家和地方自治區二者的關係，決不能用一種絕對的規則去相繩的；這種規則必須審時度勢才可以決定的。

國家應當是一種替全體人民謀公共利益的團體，自治區應當是一種替一地方居民謀公共利益的團體，這兩句話在學說中並不是一種新理想；但在實行上這句話却是新的。　近二三十年來，在每個社會中構成大多數的人民才引起國家各機關相當的注意。　最近八十年來，我們看見英國向來的弊政逐漸推翻了，並且有好幾年國中進步的運動，發達是很快的。　但是英國一般重要的政治家對於進步事業似乎不十分願意。　英國國內史最近所記載的事體，總是對於人民的種種讓步，然這種讓步並不是那一個大黨的領袖所特別贊成的，不過是爲大部分選舉者所要求故不得不遵從罷了。

德意志的政治家是很有常度的，因爲他們自擬出國家社會主義的計畫以後，他們便明白宣布遵守國家社會主義的種種原則。普魯士的舊法律承認供給一般不能謀生的人以生活品，和供給一般沒有事做的人以工作這兩椿事，是國家的義務；德國一般政治家在國家社會主義方面的施設是受了這種法律的鼓勵。普魯士歷來所處的地位，就是要用種種有利的方法，去培養國家的實力，故他對於他的人民，無論那一部分不願棄之不顧。所以畢士馬克在他的國家社會主義裏面，能夠表示幾分理由，襲用普魯士相傳的政策。然畢氏的事業在實際上却是一種新轉機。

國家社會主義中主要的各原則在一千八百八十一年十一月十七日德皇致國會的公文中明白宣布出來了。德皇宣言除掉妨止社會民主黨過度的舉動，須使用壓制手段外，補救社會的罪惡，就在乎用積極的方法去謀工人的利益。至於他所提議的方法，就是令工人納一種保險費，由國家經理，當工人遇了意外之災，疾病，年老，和不能作工等事，便可以有特無恐了。「要找出一種正當的方法來實行國家保護工人之制，本是一種很困難的事業，但這也是以耶穌教生活為倫理基礎的各社會一種最大的義務」。德皇這種計畫已經實現出來了這樁事情可以看做將來世界趨於於佳境的一個起點。他這種計畫中各樣方法對於工人所發生的助力本極有限，但是這種計畫比較英國貧民律却要好得啦，關於這一點是每個有理性的人所不能夠置疑的，並且近來英國立法已經是用這種計畫模範了。

我們對於德意志的國家社會主義就如上所述，不再往下說了；我們如果要想找出一種民主主義，找出一種眞正是屬於人民的政府，由人民管理並且替人民謀幸福的政府，那麼，我們須跑到南半球去考究英國的屬地。這種地方民主主義在理論上，和事實上，已經充分承認國家是一種替全體人民謀幸福的聯合團體。紐西蘭是英國屬地中最後附入之一，他是民主主的義國家的一個好例。紐西蘭的鐵路，煤鑛，和電話都是歸國有的。當一千八百九十四年的時候，紐西蘭銀行(The Bank of New Zealand)因金融緊急，幾致停止兌現，因此使國中蒙一種極大的損失，於是紐西蘭政府遂乘機而起，用四百萬金磅去保證他，從此這個銀行便變爲一個國家銀行了。紐西蘭政府以利息輕微的金錢，預先借給居民，並且制定一種法律，打破大財產制。國內關於保護勞動的法律已經是十分精密了。這一國又採用強追仲裁制，去判決勞動界的紛爭，並且首先通過一種養老金計畫。紐西蘭已經實行婦女選舉制，累進稅法，地方對於酒業的選擇制，公共生命保險制，公共醫藥療治制，並且又創辦一種公共托辣司，這種機關具有很大的權力，他可以替大家做一切有利益的事體，現在英國取法這種組織已經大著成效了。

三、協作社會或消費公社。——協作這一樁事有許多時候在比較上沒有什麼進步，但是我們如果想及一般貧苦工人要求得資本，經驗，和技術，何等困難，我們對於許多有進步的國家中所舉辦的協作事業便將驚訝不止。這種協作社會將生產物以廉價供給大家應用，所有利潤和競爭兩樁事體都完全剷除了，這就是社會主義理想一部分的實現。這種組織最好的地方，就是，他是直接由人民創辦的，又是完全受他們的支配的。

協作之制共有三種。——(一)消費者協作制；(二)生產者協作制，他們所用的資本是公共的，所以這種資本須受大家的支配；(三)獨立生產者協作制，他們通常是一種小規模的生產者，大概是因特別目的而組成的。

英國最流行的協作制是消費者協作制。　一千八百四十四年，洛芝得爾工人擬出一種計畫，募集資本，創辦一個商店，所得的利益，除掉付了資本所應得的一定利息外，其餘的部分都歸買物者享有，分配利益是以買物的多少爲標準的。　按照買物的多少去分配紅利這一椿事，就是他們成功的總訣。　到了一千九百十二年，英國共有一千四百零七個消費公社，計會員二百六十四萬零九十一人，超過英國人口五分之一，他們的資本額是三千三百二十五萬三千七百五十七磅，每年營業總數有七千四百八十萬二千四百六十九磅，每年所護的利益有一千一百六十九萬三千九百二十磅。

英國後來所發達的協作制度就是協作躉賣店（Co-operative Wholesale），這種躉賣店對於各商店的關係和各商店對於私人的關係是一樣的。　這種協作躉賣店是一個極大的營業和製造商社，他是各商店的共有物，他所製造的和備辦的貨物都是各商店所必需的，他所得的利益又按照各商店買貨的多少，分給他們，當作一種紅利。　所以躉賣和製造所得的利益，和躉賣及零售所得的利益，除掉支付資本（這種資本也是商店各股東所有的）所應得的法定利息外，其餘概歸買貨人享有，按照他們買貨額分配紅利，每季一次。故買貨的人所購的貨物，在實際上只費去貨物生產時所需的價格。英格蘭和蘇格蘭各躉賣店共有資本二百二十七萬三千九百一十六磅，而每年營業總數有三千五百七十四萬四千零六十九磅。消費者協作制和社會主義的原則，完全是相合的，這種私人企業，是社會主義之惟一無二的組織，這是近世社會主義者所極端贊成的。這種事業最近在歐洲大陸也有很大的進步。

第二種協作組織是工人自己經營的一種工廠，他的資本是由工人湊集的，他的內容是很特別的。第一，這種工廠是工業組織中一種極沒有成效的組織：這種生產協作團體能夠長久存在，在營業上能夠成功，也是不可多得的。第二，這種工廠和協作制名實並不相符。在實際上工人所出的資本不過占資本全額中一小部分罷了。其餘的資本通常是由各消費協作公社或各慈善家供給的。第三，這種工廠和社會主義的原則並不相合：他並沒有取消按照資本分配利息之制，他不過在理論上說是把所得的利益分給一般工人，因為他們也是一些小資本家，其實他把所得的利益多半都分給外面的股東了，這就和平常合資公司分配紅利恰恰是一樣的。

第三種協作組織大概是限於農業方面的，凡在小農業制的國家裏，如德意志丹麥和近來愛爾蘭等處，都盛行這種協作制度。製造牛酪，發售雞蛋，購買肥料和機器，以及供給會員中一般小地主以資本，信用銀行（Credit banks）這一類的協作社會，在各農業國已經有了極大的成效，而英國現在也正在組織這種社會。農業在各工業國中本是一種例外的職業；而這種協作社會也只能夠應用於農業上，在別的職業中便沒有多大的用處，這種協作社會關於替社員所辦理的業務，也採用洛芝得爾分紅制。這樣的協作團體很能夠持久；他們和社會主義的原則並不是相反的，不過他們的組織和現在的社會主義不是十分一致的。

協作運動和社會主義運動在比利時時常是同時並進的，這是我們曾經說過的。這兩種運動在英國向來沒有十分接觸；直到一千九百十三年，一般協作者和工黨才互相攜手。一千九百十年國際社會主義公會開會的時候，大家對於消費者協作制，經過一次特別討論之後，極表贊成，這種協作制度在將來社會組織中一定會占一個重要的位置，這是顯然無疑的。

四、近來經濟史上一個最顯著的特點，就是，協作運動的繼續進行，自工業革命時起一直到現在這種運動仍然是沒有停止。一般小規模的生產者，因此爲資本家所推倒，而一般小資本家又爲大資本家所推倒了。到了現在，私人的資本家又爲大公司所併呑，因世界產業，規模日見擴大，所從只有那些大公司才能夠供給世界產業所必需的資本，才能夠有一相當的組織；然各大公司既彼此排擠不動，於是他們中間遂發生一種顯著的聯合組織的傾向了。我們考究在這些變遷之中，有一種建設的大計畫，繼續進行，這就是工業發達中自然公例的結果。

協作運動在英國是顯著的；然美國的協作運動，因爲環境特別適宜，遂遠過英國之上。美國的經濟界在一種保護制度之下，沒有受英國工業勢力的影響，現在已經十分發達了。美國是一個自足的國家，他的面積既大，而他的天然產物又極多。美國人不像英國的治人階級一樣，對於政府，社會，文學，和技術等等都很富於興味；他們只專心致志去利用出現於他們面前的新世界這一樁事上。　美國的資本主義很富於精彩，和方略，這是別國的資本主義所不能夠勝過的。　但是這一國各項工業上的領袖，覺得自由競爭是一種自殺之道，必致彼此同歸於盡，所以他們以爲彼此共同規定生產額，價格，和工資，是很有利益的。　因此便有好些「托辣斯」或是資本家的聯合社出現於美國，這種組織在資本主義中發達最速，所以他很引起各國科學上的好奇心，都對於他加以研究。

然托辣斯制度也不僅限於美國。　德意志國中也有一種同樣的組織，名爲「加迭爾」（Cartel），或同種企業家的聯合會，如以德國的面積作比例，那麼。這種「加迭爾」在德國和那種托辣斯在美國是一樣地盛行。　這種組織在英國，奧國，和別的國家裏面也都是存在的，不過他所具的形態不一，而又不十分彰明較著能了。　這種組織可以看做資本主義的自然史中一種必經的階級。

我們對於這種大公司的自然發生，已經約略說明了。　我們對於這種公司的性質發達如果加以考究，我們便知道他並不是完全和民主主義相反的。　公司中所有經理人至少在他們的原則上是股東選舉的，並且隨時可以由股東撤換的。又公司的股票既是隨便什麼人都可以購買，那麼，一個運貨工人也可以做鐵路公司的股東，他在這種公司中雖是一個僕役，然他對於公司的管理上却可以藉股東的資格發表他的意見。但是按照事實講起來，這種公司是爲資本階級所占有，並且完全受他們的支配，這仍是一種資本主義的發達。公司中的經理人通常都是一般大資本家。他們的目的在乎得到紅利。他們待遇一般傭工，也並不講究慈愛和人道等等。

然從他一方面看起來，這種大公司的發達，很足以表示支配經濟運動的實權，現在正脫出於一班資本家之手。現在各大公司大概是由一般有償的職員管理的，他們在公司中有無股本是沒有關係的：那些資本家對於他們投資的公司在實際上並不管事。就大概講起來，一種大公司對於社會的規則，比較無數小企業團體，要更肯遵守些。現在我們看見這種大公司的自然發達，對於一切產業完全歸社會所有，受社會支配這一樁事，已經做了一番預備的工夫，如果共產制度是適當的，那麼，將這種大公司變成公有，一定是很容易的。如果將一條鐵路或一個自來水公司改歸國家或地方支配，他內部一切組織却無須特別改變。老實說，資本主義已經備預，或是正在預備，一種代替他自身的組織。　他所做的預備功夫已經十分週到，因此他遂使他自已成爲一種無用之物了。　美國工業近來才發達，一班創設大公司的人多半仍繼續管理他們的公司。　然我們却看見他們那種偉大的建設能力已經替社會共產制開了一條路。　將來時機一到，他們的產業是很容易變爲公有的。

五、但是現時社會發展中一種最大的勢力，還在乎一般人所極好的一件東西上——近世民主主義。　這種民主主義含有好些特性，而這些特性都是歷史上所沒有的。　這種民主主義是由學校和廉價的報館中培植出來的；他是由各大工廠，各國家軍隊，民衆的大示威運動，和選舉中大爭鬥等等訓練過一番的。　所以這種民主主義狠覺得他自己偉大的勢力，也很能夠應用他這種勢力。　他自已也覺得他在社會上和經濟上所處的地位是狠不滿意的。　他在文明世界中逐漸成爲一種主要的勢力，然他在經濟上却仍然是和一個仰人鼻息的貧苦傭工一樣。　有許多人的目的本在乎經濟改革，然他們却决定從完成政治上的改革入手，這種政治改革是包在民主主義組織裏面的。　我們剛才所說的那種不可免的工業集中運動，和繼續恢復小生產制，完全是相反的。　努力於繼續或恢復小生產制這一樁事，是一種復古的運動：這樣的努力在經濟上是沒有益處的，他的結果一定是會失敗的，經濟上的改革，在乎應用社會主義的原則於大規模的工業上，這是一定不易的。

六、我們因上面所列的種種理由，現在便得到一種結論，就是，自由競爭制度和他所附帶的使大多數人民任人操縱的傭工制，在將來的社會發展中，不是一種適宜的制度。　自由競爭制度已經惹起許多大同盟罷工，使人民陷於苦境，到處都是一樣，他們所受的災禍，和在最殘忍的舊式戰爭中所嘗的痛苦，差不多是毫無區別的。　自由競爭制度又惹起許多商業上和工業上的大危機，而這種大危機蔓延於文明世界，引起紛亂和破產等事，到了後來，必定又繼之以長期的商業停滯，以致貨物無人過問。　照這樣看起來，紛亂，浪費和饑荒等等都是自由競爭制度中所常見的事，同時一般工人在這種制度之下，又任人操縱，不能夠做一種自由的和開化的人民。　英國和許多別的國家相比較，對於自由競爭制度的流行，却不十分憂慮，因為他的工業既極占優勢，所以他在競爭中總是得到勝利的，並且他歷來就注意開關新市場，去解決他的經濟上的難題。但是德國和美國的工業發達近來是狠快的，這一樁事可以使英國人知道他們現在在工業上所處的地位，不像從前那樣穩固，可以任人攻擊，他們從前加於別人的痛苦，到了將來，他們或處於劣敗的地位，也要親嘗一嘗這種滋味。因此他們便可以知道工商兩業和人類別種活動一樣，都應當受道理或法律的支配。

美國托辣斯制度的發達，不過是自由競爭制度不適宜的一種證據罷了。一般擁護托辣斯的人自以爲有狠充足的理由，他們說，沒有限制的競爭是狠有妨礙的，因爲這種競爭甚至于將一切有關係的人都陷於深坑中，他們以爲一班生產者要想使他們生產品得到適當的價值，要想令勞動者受一種相當的報酬，要想使資本獲得一種狠優的利息，只有大家連成一氣，共同籌畫生產事宜。但是這種托辣斯制度顯然含有一種狠大的毛病，因爲一班組織和管理這種托辣斯的大工業領袖，具有狠大的權力，可以決定他們自已的利益和美國全體人民經濟上的利益；他們如果互相聯合攏來，那麼，有好些重要的消耗品都爲他們所壟斷，因此遂構成一種經濟的，社會的，和政治的勢力，而這種勢力對於美國社會難免不發生危險。總之，我們現在所得結論就是，自由競爭制度對於一般在競爭渦漩中的人是狠有妨礙的，甚至於將他們都壓倒了，然現今以資本家的利益爲前提而聯合攏來的制度，對於全體人民也是極危險的。　要想逃出這種兩難之境的人就只有一條正路可走。　因爲再返到自由競爭那一條路上去，既屬不可能的事，也是大家所不願意的。　共同壟斷產業又是和自由不相容的。一般想望自由的人只有一條惟一的道路可走，就是對於產業採用一種社會公有和社會管理的組織。　這種教訓似乎就是托辣斯的發達給我們的。

七、社會主義的成功專靠兩種理想的實現，當社會主義見諸實行之際，這兩種理想可以看做他的棟樑。　這兩種理想就是：——

（甲）每天標準的工作時間；即刻將每天工作時間通通減至八點鐘，到了後來，作工的時間當更加縮短。　這種合度的改革，最好藉輿論之力，督促大家自由履行，不必用法律去規定；但是用法律規定，究竟比藉兇猛的和拙劣的同盟罷工方法，去求這種改革的實現，要好得多啦，

(乙)一種保證適當的生活程度之報酬，換一句話來說，就是一種經常發達的生計。一種合理的生活程度已經由科學計算出來了，不復是一種烏託邦的理想。適當的最小限度的新鮮空氣，食物，衣服，住所，娛樂，和足以陶情養性的妻室兒女，都是一個平常人合理的需要。這就是一種合理的分配制度中道德上和科學上基礎。以前一般舊經濟學家所稱的工貲鐵律可以決定工人自由競爭的工貲，現在當以基於維持標準生活的報酬，去代替自由競爭的工貲。近世科學稱這種原則為日食的主禱文(The Daily Bread of the Lord's Prayer)。

社會主義的學說對于(甲)，(乙)，兩點的成效，就在將人類兩大利益從自由競爭的範圍裏，移於受社會支配的倫理和科學的基礎上。現在政府，地方自治區，協作社會，公司，和私人鋪店所用的人員，每日作工的時間，都近於八點鐘制；而這些團體付給工人的工貲，實足以使他們維持一種適宜的和合理的生活程度，所以社會主義的理想已經實現一部分了。無論什麼人，如果是熟習最近六十年的歷史的，都知道(甲)(乙)兩方面已經有了極大的進步。

現今的社會和經濟大運動，我們已經這樣述明了。　我們究竟將怎樣解釋這兩種運動呢？

綜計現今社會上主要的傾向：共有兩種：一種傾向是要使在國家，地方自治區，和協作社會裏面的人民去管理產業；還有一種傾向，就是使寄身於托辣斯裏面的資本主義愈加鞏固。在這兩種傾向之中，我們看見都有一種富於建設的和組織能力的計畫，都竭力防止那種自由競爭所生的紛亂。　然前者的發生是在乎增進公共的利益，而後者的出現，則由於財富過多的結果。

各種托辣斯的突然興起，實在是不祥的，他對於全世界，的確是一種實物教課。　因此可以證明社會主義並不是一種無聊的問題。　社會主義是由近來工業上極大的運動迫出來的。　凡一般良善的國民，擁護正義和進步的人，以及真心研究社會問題的人，都不可不了解社會主義真正的內容。

講到實行一種合理的社會主義這個問題，我們應當注意他所要做的事業和中世紀所創辦的公所(gniied)是相同的，不過在現今更開化的時代，他這種事業比較從前的公所，範圍愈加擴大罷了。　從前的公所就是工人增進公共利益的機關，當時尙沒有十分强有力的中央政府足以擁護法律，維持秩序，就是現在勞働者和資本家兩者的界限，當時也沒有劃分出來。這種公所是一種很合理的工業組織，不過他是一種地方機關，只與城市生活發生關係，而他所遭遇的時代，技術一項是很有限的，並且是很不發達的。　社會主義主張在現今機器極發達而工業又大擴充的時代，須有一種和中世紀公所相等的工業組織，不過這種組織，須立於一種以科學爲指導而又承認最高尙道德理想的民主主義之下。

第十六章　結論(Conclusion)

社會主義的學說，在多數文明國人腦子裏面，已經留下一種很深的印象，這是一樁彰明較著的事實。　社會主義向來就和流行很久的經濟學說宣戰：他對於現今社會經濟制度採一種抗議的態度；歷來在每個講壇上，各種新聞紙中，我們還可以大膽說，在每次私人集會裏面，就有人討論社會主義，並且頗了解這種主義的性質和目的。　這一樁事的結果無論是怎樣的，然總沒有一個有理性的人，對於現在自由競爭的經濟制度，能夠和從前一樣也滿意。

我們對於種種重要的意見和制度能夠搜集攏來，詳細剖解，加以一種客觀的批評，這樁事便足以證明我們是回想這種意見和制度，我們已經是向前進步，將他們遺留在後面了。各國完全相信社會主義學說的人固然是只占少數，然一般人的見解上却顯然受了這種學說的影響。以前正宗派的政治經濟學如果仍然存在世上，那麼，他不過是殘留于那些舊書中和有減無加的少數偏想家的腦子裏面罷了，我們說這句話並不是故意誇張的。一班贊成現行制度的人頗願意我們相信以前講自由競爭的舊政治經濟學已經沒有存在世間，他們這種說法至少也可以證明舊政治經濟學的末日快到了。

社會主義仍然是不十分純粹的，他因過於株守馬克思的學說，所以受害之處頗多，馬克思的學說本是由一種時代造成的，到了現在已經是時過境遷，情形大變了。在早前四十年之間，馬克思的學說正在成形之際，當時唯心論已經衰歇，於是一種尚未成熟的和武斷的唯物論遂乘機而起，大占勢力。當時有一種極流行的空論，以前本是偏於唯心論一方面的，後來毫無一種相當的預備，便以好些不正確的事實爲根據，要想插入實在界和唯物界中——

生出一種奇異結果！　一千八百四十八年的騷擾，是由一種兇猛的革命精神造成的，而這種革命的精神以當時的環境而論，可以說是出乎自然的。　李嘉圖在經濟學說中極占勢力，然他對於一種必要的歷史上和哲學上的訓練，是絲毫沒有的。　馬克思的見解在這種情形之中，遂形成一種固定的教義，他的見解在當時本是沒有成熟的。　馬氏繼續維持並且發揮他這種見解，到了後來，他也沒有實心將他的見解加以縝密的考慮；他亡命於英國，自己住在書室中，極力催促歐洲大陸各社會主義的黨派實行他的計畫。

馬克思在共產黨宣言中曾說，無產階級，除掉鎖鏈子以外，再不致失去絲毫別的東西。不幸馬克思和他那一派竟替工界造出好些新的鎖鏈子，就是指他那種固定的唯物論，抽象的集產主義，和極端的革命觀，因此工人階級在解放之中又被縛束了。　一班要解放人類的人却造出許多新鎖鏈子，並且造得非常之快，這是很可怪的。　有許多人極力預備將這些新鎖鏈子加在工人身上，這就更加可怪了！　馬克思一班黨徒在這一方面，的確比馬氏自己還要更進一步。

他們對於婚姻和家庭兩椿事的宣言，使工人階級受害不淺，因爲一般治人階級本來就設法使工人享不到權利，現在他們却藉這種宣言爲口實，說他們所作所爲的，都是維持社會安寧之根本上的原則。

馬克思派經濟上最顯著的特點，就是抽象的集產主義，然這種主義却生出兩大疑竇：第一，他們藉革命的行動，將織巧的和複雜的社會組織體折散之後，是否有能力將他復行結合攏來；第二，他們即或有能力將曾經折散的社會組織體結合攏來，這種新結合的組織體是否聽他們的提調，仍舊肯盡他的責任。

馬氏努力於抽象的集產主義，遂使他的黨徒不能畫出一種適合於農民地土均分的政策。

他們仇視宗教，當他們早年在德國和別的地方從事傳播社會主義的時候，他們直言不諱，因此他們在天主教徒和耶蘇新教徒中遇着一種極大的阻力，而他們在天主教徒中所遇的阻力尤甚。

他們原來的事業就在解放工人階級，然他們的傳播方法，有許多地方却生了一種阻力，使他們的事業不能成功；同時他們這種方法又發生妨礙，使社會上的大競爭不能夠和平解決。一種主要的大問題却插入許多枝枝節節和毫無關係的事體在裏面。

我們可以指出他們的

運動因爲渾入宗教問題，遂發生多少紛擾，演出好些悲劇。　博愛，同抱，互助，及和平，是耶穌教義中最顯著的特點。　社會主義如果要想成功，要想有益於世界，他應當將耶穌教這些特點插入他的道德範圍之內。　倘若馬克思和他那一派只攻擊我們所稱爲耶穌教會中一班官派代表和教派代表，那麽，他們便沒有出乎情理之外。　講博愛，同胞，和互助的宗教，向來就正式成爲政府制度中的一部分，在德意志和別的國家裏面，一般世代相傳，壓制貧民的人，遂藉此去繼續他們無道的行爲。　耶穌教教派代表在傳教中，却維持並且鼓勵那些官派代表，和他們聯成一氣，朋比爲奸，這些教派代表不獨參預他們壓迫和敗壞一般貧民的舉動，並且對於階級制政府的戰爭，軍國主義，浪費，和乖謬的舉動，無不實行參加。　他們所做的事和他們所處的地位是極不相宜的，然他們中間究竟有多少人知道這一點呵？

在人類的思想史上，一種意見還沒有成熟，時常就變成一種武斷的教條，而一種武斷的教條又時常降而爲一種矜誇的學說。　凡一種武斷的教條不過是一種驕傲的表現，這驕傲的之氣既不合乎眞理，而又無裨於人類。　社會主義的發達正犯了這種毛病。　一班提倡社會主義人，須具有先見之明，自制之力，忠實，堅忍，精銳，和熱忱，諸美質，一心一意向着目標進行，才能夠有效，然他們關於這一點總是做不到的。凡一種大主張須有一種高尚優美的人替他盡力，才能夠貫徹。像社會主義這樣的主張，要想實現，須一班擁護他的人能夠自制，能夠犧牲，才能夠將那種歷來誤事的驕傲之氣所呈出來的種種麻木和紛亂的壞現象壓下——希望人性能夠這樣改變，的確不是一樁容易的事情。

社會主義全部運動的目標是在生產工具的公有。這種觀念過於注重那種死的和笨的工作工具。他對經濟上的要素看得太重。經濟上的要素固然是極重要的，然社會主義中主要的東西還是一種活的和動的合羣原則，而工人萬不可少的東西就是合羣的能力和習慣。換一句話來說，就是社會主義的原動力當在一般人民的心性中發見出來，而這些人必受科學的指導，和高尚的倫理觀念的鼓勵，並且必已經具有一種合羣行動所不可少的卓識和能力。

我們雖下了這種批評，然我們卻當應注意，社會民主主義仍是在一種幼稚時代。歐洲大多數國家中社會主義的黨派，自一千八百七十年以後，已經蓬蓬勃勃起來了。他們須經過種種艱難困苦，去構成他們的組織，原則，和政策。　馬克思一生不屈不撓，盡力於社會主義的主張，他們因此信奉這個偉人，這樁事何等自然呢！他們不信賴別的階級，不肯和別的階級互相遷就，這樁事也何等自然呢！

現在勞働界所處的地位，是以前努力於實在的和建設的事業之結果，我們對於這種事實若不注意，那麼，我們一定不能將我們所述的社會主義運動，精確表現出來。　幾年以前，勞働界無論在那一方面都須從頭做起。　各社會主義的派挾了他們的黨綱，於思想和組織兩方面，都經過一番奮鬥，受過好些痛苦，這是一樁彰明較著的事。　勞働界的民主主義，本來是結構不完全的，訓練很少的，並且是形勢很紛亂的，後來經過工聯的培養，他才適合於共同行動的習慣。　這種協作運動不知道含有多少極大的熱忱，高尚的原則，和堅持到底，毫無遺漏的注意力啊！

工界的活動本具有種種不同的組織，現在這些組織將互相結合，成為一種大運動，關於這一點，已經有了好些最顯著的表徵了。　我們已經看見比利時的工聯和協作社會，與社會黨連成一氣，共同進行。丹麥的勞働界也是這樣的。英國的情形亦復如此。意大利勞働界的活動，有三種最好的組織，就是工聯主義，協作，和友誼會，他們社會主義的目標所鼓勵，已經互相了解，打成一片。就大體講起來，我們可以說現在各國的傾向，是以有組織的勞働界，加入社會主義的運動中。

歷來社會主義者的普通傾向，是不信任並且反對政府中的現行制度，到了現在，他們在實際上大半參預國家和地方自治區一切事務。他們這種行動和別種實際上的行動一樣，一定可以作為一種有益的訓練，因為他們以前的精力大概都耗在沒有結果的反對和無益的批評上面。他們實行參於國家事務因此可以知道，別的黨派對於他們所持的反對論調，或是出於絲毫不了解他們的內容，或是出於正當的疑惑。德國柏白爾常說，社會民主黨人和別的黨派在國會中及國會各委員會中時常交通，遂互相了解，生出一種好感情。但是我們在此處所願意指明出來的主要之點，是各國有組織的和有進步的勞働界，在各方面，如工聯和協作社會等等，愈加為社會主義的目標所鼓舞，在實行方面，大有趨於構成一種組織堅固的大運動之勢。　這種運動將來實行，或達到，集產主義式，竟究至一種什麼程度，此時還不能說定，要看後來怎樣。

現在在各社會主義黨派的黨綱中，或是在他們會議的議決案裏面，沒有一點和一種合理的愛國心，宗教，婚姻，或家庭，是相反的，這種事實是我們所當特別鄭重聲明的。　國際工人協會和各社會主義的黨派明白承認他們的事業是解放勞働界，而他們的事業的性質是屬於經濟和政治兩方面的。　如果有人將宗教問題及婚姻問題和這種大事業併為一談，這都是由他們自己私人負責，與黨派沒有關係。　這種人沒有權力代表社會主義說話，他們在社會上，除掉自己私人的勢力以外，再沒有別的勢力可言。

我們最好將社會主義的理想，對於現時思想界所生的影響，分項研究：——

一、國家對於勞動界的關係說。——各國大多數政府對於有組織的社會主義的態度，自然是帶着敵視的意思；但是近幾年來，以前國家對於工人和貧苦階級的關係之舊見解，已經大大地改變了。　幾年以前，政府所抱的政策和主義，對於大多數人民毫不注意，到了現在，保護人民却成爲國家所明白承認的義務了。　這種變化非常之大，將來要知道他的詳情，必須具有一種很好的歷史知識，因爲社會中一般最活動的青年，對於以前政府拒絕下等階級的要求那種時代，已經漸次忘記了。

二、政治經濟學對於社會主義的關係。——我們曾將社會問題的影響，歸於英國舊派的政治經濟上面。　穆勒對於經濟學的見解，起初拘泥於李嘉圖的學說，後來發達到一種合理的社會主義上面，但他這種見解的發達，已經完全超出他的門徒之上，故不能看做英國經濟學發達的代表。　我們看見近來各重要的經濟著作承認新潮流的，確實有限，不過他們不和從前一樣，強迫公衆服從他們的見解罷了，所以英國政治經濟學陷於一種最不固定，最不愜意的狀態之中。

德意志在政治經濟學一方面又居首位。　世間空論的社會主義，(Socialism of the Chair)並不十分是一種眞正的社會主義。　然却有好些著名的教授和別的經濟學者都列在這種空論的社會主義的代表之列，他們這些人是承認政治經濟學的歷史和倫理兩方面的，他們當討論政治經濟學之際，對於勞動問題，予以一種相當的地位，又他們對於應用社會主義去批評現社會和現時通行的政治經濟學，這一樁事，已經有了極重大的讓步。　德國近來經濟學者和社會學者中一個最著名的人物是狎夫爾，他不僅是注重歷史方面，他的傑作社會體之構造與生命(Bau und Leben des socialen Körpers)　是從進化着眼去改造社會的。　他在這一部書中自己表明他深信「純潔的社會主義必盛行於將來的時候」，然照他後來的宣言看起來，他的態度頗有可疑之處。　但是無論他的態度如何可疑，他對於研究勞動問題，却具有一種很深沈的學力，哲學上的眼光，和贊成貧民主張的同情，關於這一點現在沒有一個經濟學家能夠及他的。　近來的大經濟學家沒有一個人和他一樣，受了社會主義學說的影響有如此之深的。

三、耶蘇教會對於社會主義的關係。——如果有人猜想，以為耶蘇教關係倫理上和精神上的教義，與大家所正當了解的社會主義的各原則，眞正有什麼互相牴觸之處，那就是大錯特錯了。　現在一樁困難的事情就是怎樣能夠將社會上流行的自由競爭制度，和合理的耶蘇教倫理觀聯合攏來。　我們知道在上古文明時代和羅馬得勢時代，生存競爭，非常猛烈，非常殘酷，而耶蘇教在當時是堅强反對這種生存競爭的道德上和精神上兩大勢力。　一般生存競爭中失敗的人都陷於奴隸和田奴的地位，耶蘇教會對於和緩以及剷除奴隸制和田奴制效力之處是很多的。　凡正當了解耶蘇教生活，和耶蘇歷史之精神及傾向的人，就知道耶蘇教教會也一定竭力反對自由競爭制度中繼續不止的生存競爭，並且對於一般在競爭中不幸失敗而專靠不固定的工資爲生活的人，也一定予以贊助。

耶蘇教會中有好些著名的人物已經明白看出自由競爭制度和耶蘇教義是不相容的。　我們曾經看見摩里斯，和經斯烈指摘滿切司特派 (The Manchester School)，發起一千八百四十八年的耶蘇教社會主義運動，並且予協作運動以一種極大的刺激，

德國天主教會參預社會問題是從拉塞爾煽動時代開始的。　當一千八百六十三年的時候，多靈格 (Döllinger) 主張教會應當加入社會主義運動，而克特列僧正(Bishop von Ketteler of Mainz) 也卽刻表同情於拉塞爾。　克特列於一千八百六十四年刊佈一種論文，名爲工人

問題與耶蘇教(Die Arbeiterfrage und das Christenthum)，他在論文中批評滿切司特派的自由主義，他的論調在實質上和拉塞爾的論調是相同的，他又主張由一般教徒供給資本，自由組織生產協會。到了一千八百六十八年，德國天主教社會主義在實行方面更進一步：他自己創設一個機關，並且起首組織好些工聯，以求達到增進工人地位的目的。這一派社會主義運動的各原則，被孟芬牧師(Canon Maufong)於一千八百七十一年在梅慈(Maing)選舉演說中詳細說過一次，又屬於這一派的著作家也前後將他們的種種原則在他們的機關報中宣佈出來了。

他們一致指摘當時自由主義的各原則，對於自由主義的經濟方面，尤特別攻擊，因為他破壞社會的組織，藉口自由，將工人置諸極不安全和紛亂的競爭之中，以致一般工人都為工資鐵律所犧牲了。他們以為就是舒爾慈代爾池計畫中曾經實行過的自助，也不是拯救工人一個妥當的方法。據他們的意思，拯救工人的總方法，是依天主教的原則，組織工聯，最好組織好些合於近世所需的工人協會(trode-guilds)，他們的領袖中有些人主張由國家用強迫手段去促成這種組織。　孟芬對於這椿事的見解是最確定的，現在我們可以把他的意思概括如下：(一)依照法律保護工人，對於工作時間，工資，婦汝及兒童的工作事項，和衛生事宜，尤須特別注意；(二)補助工人的生產協會；(三)減輕勞動界所擔負的賦稅；(四)限制由金錢和投機事業所得的利益，

德國耶蘇新教教會的社會主義活動，是從一千八百七十八年起首的。　這一派的運動中一種最重要的文學產物，就是托特牧師(Pastor Todt)所著的德國徹底的社會主義和耶蘇教會(Der radikale deutsche Socialismus und die christliche gesellschaft)一書。　托特在他這部著作中，指摘自由主義的經濟學，以為他大背耶蘇教之旨，並且竭力證明自由，平等，和博愛的理想，完全是聖經上所有的，這種理想也是一班社會主義家所要求實現的，因為他們是要剷除私有財產制和工資制(Wage System)，使勞動者得享有他的工作的全部產物，並且使勞動界得聯絡一氣。　耶蘇新教教會社會主義運動中第一個領袖是司托克(Stöcker)他是一個宮庭牧師，也是排色密替克運動(Anti Semitic agitation)的首領，這種運動所以發

生的原因大概可於經濟方面尋找出來。司托克創辦兩種機關——一種是社會改良中央聯合會，所有會員大概是屬於中等階級而熱心於勞動界的解放的，還有一種是耶蘇教社會工人黨(A Christian social working men's Party)。社會改良中央聯合會已經有了很大的成效，而在馬丁路得派教士中尤特別得勢。這一派的社會主義運動，受了社會民主黨的大打擊，又為一千八百七十八年的反對社會主義的法律所縛束，故不得發展。

近幾年來，英國耶蘇教教會的各派已經受了民主主義運動的影響，他們對於社會問題已經是非常關心的。在天主教徒中這種新精神最著名的代表是大僧正蔓甯(Cardinal Manning)，一千八百八十八年全英國教會在蘭柏慈(Lambeth)開會，特設一個委員會，討論社會主義這個問題，後來這個委員會對於社會主義有一種報告，在當時這也是一樁很重要的事實。英國教會中人於一千八百八十九年組織一個耶蘇教社會聯合會（The Christian Social Union），到現在這個會已經做了好些有益的事體，他的目的是研究「怎樣應用耶蘇教道德上的眞理和原則於現時社會的和經濟的難關上。」近來都漢的僧正衞司科特協士(Dr.

Westcott）於創造和指導這個會出力最多。　無論保守黨人，自由黨人，社會主義者，或非社會主義者，只要承認耶蘇社會聯合會的宗旨，都可以隨便加入。

一千八百八十八年全英國教會在蘭柏慈開會，對於勞働界表示同情，他們這種態度在一千八百九十七年和一千九百另八年兩次會議中仍舊是沒有改變的。　當一千九百另八年以前，全英國教會開會時，歡迎社會主義的意見，這樁事是很要緊的，然我們若以爲這就是歡迎何種確定的集產主義的經濟信條，那便大錯了。　英國有許多不信從國教的地方，對於社會主義運動也表示一樣的同情。　克里伏德博士（Dr. Clifford）和坎柏爾牧師（Rev. R. J. Campbell）都是社會主義家。

然英國有組織的耶蘇教對於社會主義運動的態度，和歐洲大陸顯有一種不同之點。　德意志，意大利，比利時和別處地方耶蘇教教會的社會主義，和社會民主主義是互相對峙的，所以不久兩方便變爲仇敵了。　耶蘇教的工聯，對於社會主義者的工聯，特別懷一種敵視的意思，當討論勞動問題時，前者總是不肯和後者通力合作的。　老實說，歐州大陸教會有多少社會的活動是在乎引誘一般工人背着社會民主主義所籌謀的利益一方面走。幸而英國沒有這種不和睦的精神存在國內。英國國教教會和非國教教會的社會主義，與勞動界的種種勢力，總是聯絡一氣的。凡國教會教徒和非國教會教徒不是這一個社會主義黨的黨員，就是那一個社會主義黨的黨員，國教會有一個教會社會主義同盟會(The Church Socilist League)，內中有好些會員，比較普通一班社會主義者，還更信仰馬克思，還更趨於極端。

社會主義是以自由，正義，同胞，和互助，這幾種大理想爲根據的。這種主義可以稱爲世界上最大的種族所抱的大理想之苗裔。希伯來人的理想是眞誠，正義，和慈悲，後來耶蘇教徒將這種理想的倫理方面擴充，成爲博愛，同胞，和互助的理想，而希臘人的理想是眞，善，美，這些理想都是社會主義可以採納的，並且應當採納的，這些理想還應當加以羅馬人的法律，秩序，和恆久幾種觀念，不過這幾種觀念的目標和意義向須加以引申。耶蘇教依他的互助的規則，即刻確定在社會組織中，大家都是互相倚賴的，並且確定一種很深遠的社會義務觀，他在哲學和實行兩方面比較法國大革命所時常稱道的自由，平等，和博愛，還要更進一層。通通這些理想，在人類初次試驗之時，雖時常有被人濫用，以致失信之處，然論他們的本質，的確是極眞實的，他們都結晶於社會主義之中，成爲一種有價值的理想大觀了。

這種社會主義的大理想，好像一個很遠而又很光耀的目標，他能夠鼓厲人類努力向着他那一方面進行。我們不能夠將這種目標故意放下來，去就遷大衆，我們應當誠心誠意求達到這種目標所在之地，我們能夠步步前進，就算是很滿意的。我們要想社會主義能夠發生和發達，須有一種很低的和很堅固的基礎，這是萬不可少的。社會主義最小限度的基礎，是一種正大光明的自利之心 (An enlightened self-interest)。社會主義的目的並不在剷除自利的原則 (Self-regarding principle)——這椿事是不可能的，也是逆理的。社會主義只要規正這種自利的原則，把他放在社會指導和管轄之下。如果大多數人民特別在某一國，或在全世界，對於他們眞正的需要和利益，有了一種溫和的，合理的，和光明正大的見解，那麼，社會主義就將有一種實現的傾向。當少數特出的人已經盡力或預備，盡力去做豪俠和犧牲事業的時候，大多數普通人民不須別的東西，只要認清他們眞正的利益就成了。　社會主義在這種很平常的基礎上，已經做出好些事業了。

我們如果用約翰密爾頓(John Milton)所用的詞句，來說明一般開創美洲共和國始祖的英國淸淨敎徒所懷抱和維持到底的理想，那麼，這種理想就是一種「熱烈的自由」，(Strenuous liberty)。　我們知道他們反對司徒亞德朝 (Stuart dynasty)的專制，和他作長期的爭鬥，他們到何等認眞，何等熱心，何等持重，思想何等週到，見識何等遠大。　如果美國人和英國人要想將來在反對金錢政治的爭鬥中得到勝利，那麼，他們必須具有他們祖先所具的種種高尙的和勇敢的德性。

我們相信由現在過度到社會主義的時代，必須經過一種長期的社會選擇作用。　當社會主義運動開始的時候，社會主義者的種種學說已經經過一番討論和試驗了。　各社會主義的黨派在辯論，組織，和實行之中，也經過種種很困難的境過。　各工聯和工黨已經受過多少敎訓，和痛苦了。

我們要想由現在轉入社會主義時代，只有使人民的知識，品行，和組織，設法改進，達於更高一等的程度。　轉入社會主義時代這樁事一朝實現，大多數人民一定可以生活於一種更高尚優美的道德和經濟的環境之中。　我們知道人類有兩樁關係最重大的事體，就是工作時間和日食問題，這兩樁事在社會主義之下，將不復為自由競爭中各種情形所限制了。　每個有能力的人為謀適當的生活起見，必定要做一種相當的事業；但是除此以外，他的時間和才能，都由他自己處置，別人不能干涉。　人類在這種善良的環境之中，一定可以得到種種權利和機會，去做改良他們生活的基礎。　他們也將有種種相當義務應當履行的。　凡性情或習慣不良的人，不肯履行他們應盡的義務，那麼，社會上就將籌一種相當的方法去制裁他們。　凡弱小的和失去能力的人，將受社會上相當的指導和幫助。　但是所有身體强壯的人，對於各種自然的和合理的事務，一定要擔負責任，這是我們可以相信的。

將來服務社會就是人類發揮他們的爭勝心和向上心的主要場所，而生活改良的競爭可以在一種善良的環境之中，實現出來。　我們如果高興，我們可以把這樁事叫做競爭，但是這種競爭所具的條件，和在現行制度中競爭的條件完全是不相同的。將來的競爭是一種求社會上的榮遇和贊賞的競爭。一切隱滿，祕密，虛僞，嫉妒，和誹謗等事，是現今所常見的，到了將來，都會消滅的。將來人民的生活必定是一種誠摯的和公然的生活。他們的歷史一定是一種光明正大的歷史，可以供大家的參考和批評，沒有什麼曖昧之處。人民在現行的競爭制度之中，如果得到勝利，那麼，他們所具的品性，和在新制度之下爲公衆所贊許的品性必定是完全不相同的，我們決不可把這兩種東西，併爲一談，致陷於謬誤之地。人類在現時要想成功，須具一種什麼樣的品性，這是我們大家所知道的。至於人類在合理的社會主義之下，要想爲公衆所歡迎，須具一種合於前節所說的各大理想的品性特別須具有合於服務社會的各大理想的品性。

浪費，墮落，邪僻，和暴虐諸點，是現行的制度中所層見疊出的，到了將來，這些東西，都會無形消滅啦。但是這種新時代不僅除去了種種罪惡，並且將建樹好些事業出來。他將使最高尙的人類生活有一種積極的和完全的發達。無論那一種的自然才能，只要和社會幸福是一致的，都有自由發展的餘地。　我們可以相信，大多數人使用他們自然的才能，和社會服務的需要，一定是直接相合的。　每人所做的事業是他的性情所最近的，和他的力量所能及的，這樁事自然是有益於社會的。　凡精神上的教訓，科學上的發現，文學，藝術，和音樂，都將有一種相當的估價，都將看做一種社會服務，予以報酬。　但是一個志在上進的人，如果想把他許多閒暇的時間，完全用於他自己所選擇的專門事業上，而對於他應當替社會服務這一樁事，只做些很平常的工作，他一定也可以這樣去做。　他對於這種事件，儘有自由行動之餘地。

我們從近來許多經驗中所得的教訓，和各種集中的傾向之焦點看起來，社會似乎應當以他的利益為前提去管理工業。　凡由自由聯合的人民所舉辦的工業，和進步中別種組織及方法，無論是屬於倫理方面，政治方面，或經濟方面，一定是完全一致的。　純粹的社會主義可以當作人類進步中任何種同等的及圓滿的組織看待，因為他能夠使人類應用科學的，機械的，和技術的發達中各種要素，而又不背乎各種有力的政治觀念及倫理觀念。

所以純粹的社會主義是一種最適當的組織體。　現在證明他可以見諸實行的種種表徵，一天一天增加了。　他的組織所取的形式可以按各國歷史情形和國民性格的差異，隨時千變萬化。　我們曾看見過，在社會主義的限度之內，每個人都有相當的發展之餘地，無論那一種嗜好及才能，只要不危害別人的安甯幸福，都能夠充分發達；但是伴社會主義而出現的非常的才能，和慷慨的熱忱，將於社會服務之中，更容易找出他們活動的地域，這種理想是各民主主義的國家中大半已經實現過的。

我們於一種合理的社會主義之中，可以看見一條長而且廣之進取的道路，人類可以沿着這條道路用一種和平的，漸進的，而又最安穩，最有希望，最有效驗的方法，去求進步。這種情景最能醫治現今所流行的痲木，輕佻，驕傲，和悲觀諸病；他對於一種革命精神所出來的，暴躁，憤怒，和別的毛病，是一付最有效力的消毒散。　在這種情景之中，社會上各種勢力將直接爲社會理想而奮鬥。　社會主義者所抱的理想一定能夠實現，而武力與正義一定能夠互相調和。　凡活動於近世歷史上各種眞正的勢力，因種種有益的理想之作用，將充分發達，到了後來，就將和狄愛森所說的一樣：

各人以公衆的幸福爲幸福。

大家都通力合作異常和睦。

我們豈不能夠和聖西門一樣，希望黃金時代，不在過去而在將來麼？

社會主義史下卷終

附錄 (Appendices)

I. 聖西門派的辯護 (Defence of The Saint-Simonists)

法國自一千八百三十年革命以後，有人向下議院指摘聖西門派，說他們主張共產共妻之制。以下各節就是一千八百三十年十月一日鮑薩爾和安芬頓在國會中替他們辯護的演說詞：——

「聖西門派對於將來的財產和婦女、的確發表了好些意見，而這些意見是很特別的，就是他們對於宗教，權力，和自由，的見解、也完全是新的，完全是特別的——總之，他們對於現今引起全歐紛亂和暴動各大問題的見解，完全是新的，完全是特別的；但是他們所抱的意見比較普通一般人所猜想的，是極不相同的。

「大家以爲共產之制就是將生產工具或生產物品均分於社會中各社員，

「聖西門派排斥這種財產均分的制度，他們以爲如果是這樣去做，那麽，比較從前因武力和戰勝而創造的不均分制，還要釀出更大的暴亂，還要引起更大的罪惡。

「因爲他們相信人類的稟賦是天然不齊一的，他們以爲人類這種不齊一的稟賦，就是人類互相聯合的基礎，就是社會安甯不可少的條件。

「他們排斥共產之制，因爲這種制度第一就顯然違背了他們教人的種種道德律，並且妨礙將來各盡所能和各得相當的報酬這一條原則。

「他們是要藉各盡所能和各得相當的報酬這一條原則，去要求將社會上閥閱的種種特權，不分彼此，一律剷除，最後他們要求取消世代相續權，因爲他是一種最大的特權，他現在包括一切特權在裏面，而他的效力就是將社會上種種特權分給偶然能夠繼承的少數人，而使大多數人陷於墮落，愚魯，和痛苦的境界。

「他們要求現在少數人所據特產的勞力，土地，和資本，之工具，應當供各種協會之用，而這些協會須將各種職業分爲適當的等級，使每人在他所做的事業中可以表現他的能力；而他所得的財富就是他服務社會的一種準則，

「聖西門派並不攻擊平常的私產制度，他們只攻擊那種替游惰人民創造特權的私產制度——這就是說，那種倚賴別人的勞力而生活的私產制度；他們只攻擊那種使個人在社會上的景況專靠偶然閱閱爲轉移的私產制度。

「耶蘇教已經將婦女從奴隸苦境中拯救出來了，但是他却把他們置諸一種卑賤的地位，在耶蘇教盛行的歐洲，我們到處看見婦女的宗教權，政治權，和民法上的權利都被剝奪了。

「聖西門派是要救助婦女，使婦女們得達到最終的完全解放，但是他們對於耶蘇教所宣布的婚姻聖律，並不主强取消；反之，他們很願意履行這種聖律，重新承認這種聖律，並且對於這種聖律所許有的婚烟聯合，予以一種保障。

「他們是和耶蘇教一樣，要求一個未婚的男子，和一個未嫁的女子結婚；但是他們的垂教是妻子和丈夫應當平等，並且婦女依上帝所付予他們的特別溫柔的美德，他們對於行使宗教，國家，和家庭，三重職務，應當共同參加，所以在社會上活動的人，從前單是男子，以後將爲男子和婦女兩種人。

「聖西門的宗敎，只主張剷除婚姻上一種可恥的買賣行爲，就是一種爲法律所許可的賣淫行爲，這種行爲藉着婚姻的名義，時常使男女間有種種不自然的結合——使富於犧牲的人和自尊自大的人結合，使有智識的人和愚魯的人結合，使少年人和老弱的人結合。

「以上所舉的事實，就是聖西門派對於要求產業分配改革，和婦女在社會上的境遇改革，所具的最普通的意見。」

II. 德國社會主義工黨黨綱 (Programme of the Socialistic Working Men's Party of Germany)

一，勞動是各種財富和文化的泉源，大概通常的工作，只有藉社會之力，才能夠有成，所以一切生產物應當屬於社會，就是，應當屬於社會中全體人民；勞動義務既是普遍的，所以無論什麼人，對於生產物都有一種相等的權利，各人可以按照他合理的需要取得這種生產物。

在現今社會之中，工作所需的各工具是資本階級的專利品；而勞動階級的屈服就由此而起，他們的屈服就是他們受各種痛苦和做各項奴隸事業的原因。

要解放工人階級，須將工作的工具，改爲社會的公產，並且對於勞動界全體須通盤籌畫，共同支配，凡生產物須以公共的利益爲準則，公平分配。

勞動界的解放是工人階級的事業，其餘的階級不過都是一種反動的團體罷了。

二、德國社會主義工黨基於以上種種原則，決定依各種合法的方法，組織自由的國家，和社會主義的社會，藉剷除傭工制度之力，去打破工資鐵律，使各種掠奪事業，從此告終，並且將社會上和政治上一切不平等的制度，通通廢止。

德國社會主義工黨第一雖是活動於國家範圍之內，然他卻很知道勞動運動實具有一種國際的性質，所以他決定履行這種運動所加諸工人身上的各種義務，使世界上一切人類都變成同胞的理想能夠實現。

德國社會主義工黨因爲要預備解決社會問題，所以要求在勞動者的民主主義管理之下，藉國家的幫助，組織許多社會主義的生產協會。工業和農業生產協會既建設於這種基礎之上，那麼，以後勞動界全體的社會主義的組織，一定可以由此發達起來。

德國社會主義工黨要求以下所列的各條，作爲國家的基礎：——

一、凡國民年滿二十歲，在國家及地方團體的選舉及討論會中都有普遍的，平等的，和直接的，選舉權，及投票權，並且採用有責任的祕密投票制。凡選舉或投票日期，須爲星期日或休業日。

二、立法事項悦由人民直接行之。凡宣戰及媾和各問題，須取決於人民。

三、凡人民都須服軍役。創辦一種國民軍(A People's Armp)去代替常備軍。

四、所有各種例外的法律，都應取消，特別那些限制出版，結社，和集會的法律，以及通常限制思想和詢問自由(Freedom of thought and Inquery)的法律，都應取消。

五、裁判事宜須由人民管理。裁判機關不得徵費。

六、國家須實行普遍的及平等的教育。教育事業是强迫的。凡在公共的教育機關中，教育事業是不徵費的。國家應當明白宣布宗教是一種私人事業。

德國社會主義工黨要求在現社會之中，實行下列各條：

(1.)人民須有以上各節所要求最大的政治權利和自由。

(2.)國家和地方自治區須徵一種單獨的遞進所得稅，取消現時一切賦稅，而各種壓迫人民的間接稅尤應剷除。

(3.)人民須有無限制的結社自由。

(4.)須按照社會的需要，規定一種經常的工作時間。 星期日勞動應當禁止。

(5.)兒童勞動和各種有礙衛生及道德的婦女勞動，都應當禁止。

(6.)須制定關於保護工人的生命和康健的種種法律。 工人住所須加意管理，使之適合於衛生。 凡礦山，工廠，鋪店，和家庭工業，都應由工人舉出職員若干，實行監督。 須制定一種有效力的雇主負責條例。

(7.)須制定一種監獄勞動的章程。

(8.)凡工的基金應當完全受工人的支配。

III. 費邊會的基礎（Basis of the Fabian Society）

費邊會是由一班社會主義者組織的。

所以這個會的目的是在改造社會，而他的方法就在解放私人及階級所據有的土地和工業的資本，將這些土地和資本交給社會，以便增進公共的利益。要是這樣，然後一國所有各種自然的和既得的利益，才能夠公平分配於全體人民。

費邊會因此對於私人擁有土地，藉土地而徵收租金，以及利用土地的肥沃和地居衝要而獲取大利等事，主張一律取消，並且實行從事於這種取消運動。

還有一層，他要將社會所能夠管理的工業資本，歸社會支配。因爲在過去時代，生產工具既是一種專利品，於是工業上的種種發明，以及歸入資本的贏餘進款，大概都飽了物主階級的私囊；而一般工人現在只能夠依附這種階級，謀一點生活。

以上所舉的計畫如果能夠實行，那麽，所有租金和利息等等不須有償（然社會如果認爲適當時，對於喪失租金和利息的人仍可予以救助），都將作爲勞動的報酬；現在那種游惰階級倚賴別人的勞力而生活，到了將來，他們一定是會消滅的；於是因經濟界種種勢力之自然的作用，實際上的機會均等可以維持，而個人的自由也不致和現行制度中一樣，處處受限制。

費邊會因爲要達到這些目的，所以注重傳播社會主義者的意見，使社會上和政治上因此而起變化，而男女得同爲平等的國民。 他想要引起這種變化，所以竭力傳播關於個人和社會間在經濟，倫理，和政治方面的種種學說。

費邊會現在所做的事業大概如下：——

(1.)開會討論和社會主義有關係的各種問題。

(2.)調查關於經濟方面各種問題，並且徵集事實，去解釋這種問題。

(3.)刊佈關於社會問題的報告和社會主義的辯論。

(4.)在別的社會和俱樂部中，提倡社會主義者演講會和雄辯會。

(5.)選派代表，加入各種討論社會問題的公會。

IV. 總同盟罷工表 (List of General Strikes)

耶蘇紀元前四百九十四年，意大利羅馬市民舉行同盟罷工，大衆向聖山(Soored mount)前進，他們的結果，完全得到勝利。一班工團主義者以爲這種第一次見於歷史上的總同盟罷工得到勝利，便是一個好兆頭。

一千八百七十四年七月，西班牙阿利康特(Alicante)一萬工人舉行同盟罷工，他們的目的是在改造社會，但他們却被政府懕服了。

一千八百八十六年五月，北美合衆國二十六萬工人舉行同盟罷工，他們的目的要求實行每日八點鐘作工制。芝加哥因此發生暴動，他們沒有收得效果，而他們的首領却被殺戮。

一千八百九十三年，比利時工人同盟罷工，屢次暴動，和警察衝突，因此有多少人被殺。他們的目的是要求普通選擧，他們從政府所得的讓步，雖因複數投票制減去多少價值，然總算是成功了。比國國會因此以一百十九票對十四票的大多數票通過一種改革案。

一千八百九十七年，比利時工人因要求選擧權而同盟罷工，他們的結果完全失敗了。

一千八百零二年二月，西班牙巴塞洛拿（Barcelona）工人舉行同盟罷工，他們爲社會主義者所反對，一星期之後，便爲政府軍隊所壓服了。

一千九百零二年四月，比利時三十五萬工人同盟罷工，他們的目的是要求改良選舉制，而他們的結果又失敗了。

一千九百零二年，瑞士尼李洼工人因表同情於被逐的街車工人，舉行總同盟罷工三天，後因街軍工人的要求，遂即終止罷工。 街車工人同盟罷工經過兩星期之久，他們畢竟沒有達到伸雪的目的。

一千九百零二年瑞典全國工人舉行總同盟罷工，不過他們不能夠到處都一致努力。 他們的目的是在實行普通選舉，他們因國會對於他們投了同意票遂終止罷工，然他們只有一部分的成功。

一千九百另三年一月，荷蘭阿姆斯特丹船塢船人和鐵路全體工人同盟罷工，他們的結果完全勝利了。

一千九百另三年四月，荷蘭工人因反對處罰鐵路工人同盟罷工的法律案，舉行同盟罷工，他們的結果完全失敗了。

一千九百另三年十月，西班牙俾爾波(Bilbao)九萬工人同盟罷工。他們是反對以貨物代工值的制度，首由礦工發難，後來由別的工人繼起，他們完全得到勝利。

一千九百另四年四月，匈牙利鐵路工人忽然停工。匈政府召集別的賦閒的工人代替他們，遂將罷工風潮壓平了。

一千九百另四年九月，意大利一百個城市的工人因反對使用軍隊干涉勞動界所起的騷擾，舉行同盟罷工，到了罷工的第四天，他們便達到目的了。

一千九百另五年，挪威和瑞典分離，當時有瑞典使用武力抵抗之說，於是兩國工聯主義者聲言將舉行總同盟罷工，但是這樁事沒有實現。

一千九百另五年十月，俄羅斯工人舉行全國大罷工，首由鐵路工人發難，各業工人都先後響應。他們的目的是要求立憲，他們的結果，完全勝利了。

一千九百另六年十二月，俄羅斯工人當莫斯科叛亂時，同盟罷工；他們的罷工期限自十二月二十日起至三十一日止，他們中間只有一部分人從事於罷工活動，後來毫無結果。

一千九百另六年五月，法國勞動總會因要求每天八點鐘工作制，發起總同盟罷工，他們只得到一部分的勝利。

一千九百另九年西班牙卡達洛尼亞(Catalonia)工人因為反對政府召集後備兵赴米里特陳地。(Melita Campaign) 舉行同盟罷工。 在實際上這種罷工變成一種叛亂，旋被軍隊壓服了。 息羅斐列 (Senor Ferrer) 因被證明和這一次亂事有關係，遂為政府所殺。

一千九百另九年七月，瑞典工人因要求增進勞動界的地位，發起同盟罷工，他們的籌畫非常週到。 在一星期之內，瑞典工人中有百分之八十七分加入同盟罷工；在繼續七個星期之內，罷工的工人占百分之五十分以上。 他們的罷工風潮繼續至十四星期之久。

一千九百另九年九月，法蘭西巴黎郵政和電線工人因要求改良工人待遇問題，舉行同盟罷工。 罷工風潮經過一星期之久，工人方面得到勝利。

一千九百十年三月，美國費拉得爾費（Philadelphia）街車工人在二月間因要求增加工資和改良待遇，舉行同盟罷工；他們於三月四日投票，通過總同盟罷工；到了二十七日他們終止罷工，承認街車公司的條件。

一千九百十年十月，法國巴黎鐵路夫役和建築工人同盟罷工。他們的重要首領都為工部總長密列蘭所逮捕。政府召集鐵路工人去服軍役，而罷工風潮遂完全壓服了。

一千九百十二年一月，美國馬薩克舌茲（Massachusetts）的拉列司（Lawrence）製棉工人因要求減少工作時間而維持原有的工資，舉行同盟罷工。他們得到工團主義者（屬於世界工業工人會）的援助，並且使用暴力，後來收得一種很圓滿的結果。

一千九百十二年一月，澳大利亞布律司柏恩（Brisbane）四十五個工聯的工人因幫助街車工人要求享有佩工聯標章之權，同盟罷工，他們自一月三十一日起罷工至三月六日止，畢竟沒有達到目的，然法庭却允許了他們的要求。

一千九百十三年八月，西班牙巴塞洛列和別處工人同盟罷工，而巴塞洛列工人得達到目的。

一千九百十三年八月意大利米蘭(Milan) 工人同盟罷工。

V.澳大利亞工黨內閣一覽表(至一千九百十三年八月止)(Labour Party Administr-ations in Australia to August 1013)

澳大利亞共和國自一千九百另四年四月起至八月止，內閣總理是瓦特孫 (Hon. G. C. Watson)·，自一千九百另八年十一月起至一千九百另九年六月止，內閣總理是費協·，自一千九百十年五月起至一千九百十三年六月止，內閣總理仍是費協。

新南威爾士自一千九百十一年十月至一千九百十三年，內閣總理是哥文(Hon. G. S. P. M'Gowen)，

維多利亞(Victoria)的政黨從來沒有組織過內閣，但一千九百年工黨有兩人加入內閣。

鑽司蘭德(Queensland)自一千九百另三年七月起，至一千九百另七年十一月止，內閣是由工黨和別的黨派混合組成的·，自一千九百另八年二月，至一千九百十三年，仍是一種混合

內閣。 然氣慈頓（Hon. G. Kidston）是工黨的會員，他曾於一千九百另六年一月和一千九百另八年二月兩次做內閣總理。

南澳大利亞(South Australia)自一千九百另五年七月至一千九百另六年六月，內閣總理是布萊司（Hon. T. Price），自一千九百十年六月，至一千九百十二年二月，內閣總理是衞蘭(Hon. G. Verran)。

西澳大利亞(West Australia)自一千九百另四年八月至一千九百另五年十月，內閣總理是大格利池(Daglish)，自一千九百十一年十月至一千九百十三年內閣總理是司卡登（Hon. G. Scadden)。

塔司曼尼亞（Tasmania）沒有工黨內閣。

VI

Selected Bibliography of Socialism

It is impossible within the available space to give a complete bibliography of Socialism' even of English books, all that can be said of the following list is that it includes the more important books on the subject.

I have not included in my list any foreign books (with one exception), nor have I attempted to catalogue the numerous works dealing with the history of early Socialism to which reference is made in the first half of the book.

I. Historical and Descriptive Works.

Bliss (W. D. P.). Handbook of Socialism. 1895. Sonnenschein. 3s. 6d.

Cullen (Alex.). Adventures in Socialiom: New Lanark Establishment and Orbiston Community. 1910. Black. 7s. 6d. net.

Dawson (William Harbutt). German Socialism and Ferdinand Lossalle: a Biographical History of German Socialistic movements during this Century. 1891. Sonnenchein. 2s. 6d.

Grahame (Stewart). Where Socialism failed: An actual Experiment. 1912. Murray. 6d. net. (a Paraguay Community.).

Hillquit (Morris). History of Socialism in the United States. 1903. Funk. 6s.

Hinds (W. A.). American Communities and Co-operative Colonies. 1908. Kerr, Chicago. $1.50.

Hughan (Jessie Wallace). American Socialism of the Present Day. 1912. Lane. 5s. net

Humphrey (A. W.) a History of Labour Represetation (in England). 1912. Constable. 2s. 6d.

Hunter (Robert) Socialist at Work (in Europe). 1908. Macmillan. 6s. 6d. net.

Le Rossignol (James Edward), and Stewart (William Downie). State Socialism in New Zealand. 1910.

Crowell, New york, 5s' net.

Nitti (F. S.). Catholic Socialism. 1895. Sonnenchein. 10s. 6d.

Noel (Conrad). Socialism in Church History. 1910. F. Palmer. 5s. net.

Orth (Samuel P.). Socialism and Democrocy in Europe. 1913. William and Norgate. 6s. net.

Pleiffer (Edouard). La Societe Fabienne et le Mouvement Socialiste anglais contemporain. 1911. Giard and Brière. Paris. o. p.

Rae (John). Contemporary Socialism. 1908. Sonnenchein. 5s. net.

Russell (Bertrand). German Social Democracy. 1896. P. S. King. 3s. 6d.

St. Ledger (A). Australian Socialism: an Historical Sketch of its Origin and Developments. 1909. Macmillan. 4s. 6d. net.

Spence (William Guthrie). Australia's Awokening. The Worker Trustees. Sydney and Melbourne. 1909.

(History of the Labour Party).

Tugan-Baranowsky (in.). Modern Socialism in its Historical Development. 1912. Macmillan, New York. 8s. 6d. net.

Webb (Sidney). Socialsm in England. 1893. Sonnenchein. 2s. 6d.

II. Socialism, Propagandist And Explanatory

Bax Ernest Belfort) Essays in Socialism, New and Old. 1906. Grant Rickards. 5s. net and 6d. net.

Bernstein (Edward). Evolutionary Socialism: a Criticism and affirmation. Trans. by Edith C. Harvey. 1909. I. L. P. 1s. net.

Blatchford. (Robert). Britain for the British. 1902, Clarion. 2s. 6d. and 3d,

Merrie England. Clarion. 3d.

Boyle (James). What is Socialism? an Exposition and a Criticism, With special Reference to the movement in America and England. 1912. Shakespeare Press New york. 7s. 6d. net.

Brooks (John Graham). The Social Unrest: Studies in Labour and Socialist movements. 1903. Macmillan, New york. 6s. net.

Carpenter (E.). England's Ideal. 1901. Sonnenchein. 2s. 6d. and 1s.

Ely (R. T.). Socialism and Social Reform. 1895. Sonnenchein. 6s.

Ensor (R. C. K.). Modern Socialism, as set forth by Socialists in their Sqeeches, Writings, and Programs. 1907. Harper. 1s. net.

Fabian Society. Fabian Essays in Socialism. 1890. Fabian Society. 1s. 6d. net and 6d. net.

Hardie (J. Keir). From Serfdom to Socialism. 1907. Allen. 1s. net.

Henderson (Fred). The case for Socialism. 1911. Jarrold 2s. 6d. net.

Hillquit (Morris). Socialism in Theory and Practice. 1909. Macmillan, New york. 2s. net.

Hyndman (H. M.). Economics of Socialism. 1896. Twentieth Century Press. 3d.

Historical Basis of Socialism in England. 1883. O. P.

Kautsky (Karl). The Social Revolution. 1907. Twentieth Century. Press. 6d.

Kelly (Edmond). Twentieth Century Socialism socialism: what it is not; How it may come. 1910. Longmans. 7s. 6d. net. [American.]

Kirkup (T.). An Inquiry Into Socialism. Revised, 1908. Longmans. 4s. 6d. net.

a primer of Socialism. 1908. Black. 1s. net.

London (Jack). War of the Classes. 1905. Heinemann. 3s. 6d. net.

Macdonald (J. Ramsay). Labour and the Empire. allen. 1s. net.

Socialism. 1907. jack 1s. net.

Socialism and Government. 1909. I. L. P. 2s. net.

The Socialist movement. 1911. Williams and Norgate. 1s. net.

Marx (Karl). Capital. 1888. Sonnenchein. 10s. 6d.

Marx and Engels (F.). Manifesto of the Communist Party. Edited by F. Engels in 1888. W. Reeves. 2d.

Menger (A.). The Right to the Whole Produce of Labour. 1899. macmillan. 6s. net.

Money (L. G. Chiozza). Riches and Poverty. 1905. Methuen. 5s. and 1s. net.

Moris (William). Signs of Change. 1903. Longmans. 4s. 6d.

Morris (W.). and Bax(E. Belfort). Socialism: its Growth and Outcome. 1897. Sonnenchein. 3s. 6d.

Shaw (G. Bernard). The Commonsense of Municipal Trading. 1908. Fifield. 1s. net and 6d. net.

Socialism and Superior Brains. 1910. Fabian Society, and Fifield. 1s. net and 6d. net.

Skelton (O. D.). Socialism: a Critical Analysis. 1911. Constable. 6s. net.

Snowden (Philip). socialism and Syndicalism. 1913. Collins. 1s. net.

The Socialist's Budget. 1907. Allen. 1s. net.

Sombart (W.). Socialism and the Socialist movement. 1909. Dent. 3s. 6d. net.

Spargo (John). Applied Socialism: a Study of the Application of Socialistic Principles to the State. 1912. melrose. 6s. net. [American].

Socialism: a Summary and Interpretation of Socialist Principles. 1912. Macmillan, New york. 2s. net.

Stoddart (Jane). The New Socialism. 1909. Hodder. 5s. net.

Veblen (Thorstein). The Theory of the Leisure Class: an Economic Study in the Evolution of Institutions 1899. Macmillan, New york. 8s. 6d. net.

Wells (H. G.). New Worlds for old. 1908. Constable. 6s. and 1s. net,

Woodworth (Arthur V.). Christian Socialism in England. 1903. Sonnenschein. 2s. 6d.

III. Biographies.

Bebel (August). My Life. 1912. Unwin. 7s. 6d. net.

George. Henry, Life of, by Henry George, Jr. 1900. W. Reeves. 7s. 6d.

Hyndman (Henry mayers). The Record of an adventurous Life. 1911. Macmillan. 15s. 6d.

Further Reminiscences. 1912. Macmillan. 15s. net.

Kropotkin (Pierre). Memoirs of a Revolutionist. 1899. Smith, Elder, 6s.

Lasselle Ferdinand, by G. Brandes. 1911. Heinemann. 6s. net.

Lassalle as a Social Reformer, by Edward Bernstein. 1893. Sonnenchein. 2s. 6d.

Marx, Karl, his Life and Work. by John Spargo. 1910. I. L. P. 8d. 6d. net.

Morris, William, Life of. by J. W. Mac Kail. 1899. Longmans. 10s. net.

Owen, Robert, a Biography, by Frank Podmore, 1906. O. P.

Shaw, Bernard, his Life and Works: a Critical Biography, by Archibald Henderson of the Uniuersity of North Carolina. Hurst and Blackett. 1911 21s. net.

Tolstoy, L. N., the Life of, by Aylmer maude. Vol. I. First Fifty Years. 1908. Vol. II. Later years. 1910. Constable. 10s. 6d. each.

IV. Anarchism

Eltzbacher (Paul). Anarchism. Trans. by T. S. Byington, 1908. Fifield. 6s. 6d. net.

Kropotkin (Prince). The Conquest of Bread 1906. Chapman. 10s. 6d. net.

Latouche (Peter). Anarchy: an Authentic Exposition of the methods of Anaachists and the aims of Anarchism. 1908. Everett. 6s.

Vizitelly (Ernest A.). The Anarchists: their Faith and their Record: including Sidelights on the Royal and other Personages who have been assassimated. 1912. Lane. 10s. 6d. net.

Zenker (E. V.). Anarchism: a Criticism and History of the Anarchist Theory, 1898. Methuen. 7s. 6d.

V. Syndicalisn

Brooks (John Graham). American Syndicalism: the I. W. W. 1913. Macmillan, New york. 5s. 6d. net.

Clay. (Sir Arthur). Syndicalism and Labour. 1911. Murray 5s. net and 1s. net.

Estey, G. A. Revolutionary Syndicalism: an Exposition and a Criticism. 1913. P. S. King. 7s. 6d. net.

Levine (Lewis). The Labour Movement in France: a Study of Revolutionary Syndicalism. 1912. P. S. King. 6s. net.

Lewis (Arthur D.). Syndicalism and the General strike. 1912. Unwin. 7s. 6d. net.

Macdonald (J. Ramsay). Syndicalism: a Critical Examination. 1912. Constable. 1s. net.

Pataud (Emile). and Pouget (Encile). Syndicalism and the Co-operative Commonwealth. Trans. by C. and F. Charles. Foreword by Tom Mann Preface by Peter Kropotkin. 1913. New International Publishing Co., Oxford. 3s. 6d. and 2s. 6d. net.

VI Utspias

Bellamy) Edward). Equality. 1897. Heinemann. 6d. Looking Backward. 1890. W. Reeves. 1s.

Blatchford (R.). The Sorcery Shop. 1909. Clarion. 1s. 6d. and 6d.

Hertzka (T.). Freeland. 1891. Chatts. O. P.

Kelly (Edmond). The Women who Vowed. 1908. Unwin. 6s.

Morris (William). News from Nowhere. 1896. Longmans. 1s. 6d.

Sinclair (Upton). Thd Industrial Republic: a Study of America Ten Years hence. 1907. Heinemann. 6s.

Wells (H. G.). A Modern Utopia. 1909. Nelson. 1s. net.

VII Anti-Socialist Works

Barker (J. Ellis). British Socialism· an Examination of its Doctrine, Policy, Aims, and Practical paoposals. 1908. Smith, Elder. 10s· 6d. net.

Belloc (Hilaire). The Servile State. 1912. Foulis. 1s. net.

Cooper (Sir William Earnshaw). Socialism and its Perils: a Critical Survey of its Policy showing the Fallacies and Impracticabilities of its Doctrines. 1908. Nash, 2s. 6d. net.

Daniel (Charles). Instesd of Socialism, and Papers on two Democratic Delusions. 1913. Daniel. 1s. net.

Dawbarn (C. J. C.). Liberty and Progress: a Defence and Exposition of Individnalidsm. 1909. Longmans. 9s.

Flint (Robert). Socialism. 1908. Pitman. 6s.

Forster (H. O. Arnold). English Socialism of To-day: its Jeaching and Aims examined. 1908. Smith.Elder. 2s. 6d. net.

Guyot (Yves). The Tyranny of Socialism. 1894. Sonnenchein. O. P.

Headley (F. W.). Darwinism and Socialism. 1909. Methuen. 5s. net.

Hirsch (Max). Demscracy versus Socialism: a Critical Examination of Socialism as a Remedy for Social Injustice and an Exposition of Single Dax Doctrine. 1901. Macmillan. 10s. net.

Le Bon (Gustave). The Psychology of Socialism. 1899. Unwin. 0. T.

Le Rossignol (James Edward). Orthodox Socialism: a Criticism. 1907. Crowell,New york. $1 net.

Leroy-Beaulieu (Pierre). Collectvism: a Study of some of the Leading Social questions of the Day. 1908. Murray. 10s. 6d. net.

London. Municipal Society. The Case againat Socialism: a Handbook for Speakers and Condidates, with Preface by A. J. Balfour. 1908. Allen, 1s. net.

Mackay (T.). and others. a Plea for Liberty. 1892. Murray. 2s.

Mallock (W. H.). a Critical Examination of Socialsm. 1908. Murray. 1s. net.

Samuelson (Bernard). Socialism Rejected. 1913. Smith, Elder. 7s. 6d. net.

Simonson (Gustave). a Plain Examinatior of Socialism. 1900. Sonnenchcin. 2s. 6d.

Tunzelmann (G.W.de). Th Superstition called Socialism.

Allen. 5s. net.

Wilson (W.Lawler). The Menace of Socialism. 1909. Richards. 6s. net.

VIII. Some Books by Leading Socialists.

Bax (E. Belfort). Peasant's War in Germany. 1899. Sonnenchein. 6s.

Macdonald (G. Ramsay). The Awaking of India. 1911. Hodder. 1s. net.

Oliver (Sir Sydney). White Capital and Coloured Labour. 1906. I. L. P. 1s. 6d. net and. 1s. net.

Pease (Edward R.). The Case for municipal Drink Trade. 1904. P. S. King. 2s. 6d. net and 1s. net.

Shaw (G Bernard). The Quintessence of Ibsenism. 1891. 2nd ed., 1913. Constable. 3s. 6d. net.

Plays: Pleasnt and unpleasnt. 2vols. (1898) 1901. Constable. 6s. each.

Three Plays for Puritans. 1901. Constaple 6s.

Man and Superman. 1903. Constable. 6s.

Joh Bull's other Island and Major Barbara. 1907.

Constable. 6s.

The Doctor's Dilemma, Getting Married, and the Showing up of Blanco Posnet. 1911. Constable. 6s.

Wallas (Graham). Human Nature in politics. 1908. Constable. 6s.

Life of Francis Place. 1998. Longmans. 2s. 6d. net.

Webb (Sydney). Grants in Aids: a Criticism and a Pro-posal. 1911. Longmans. 5s. net.

Webb (Sidney and Beatrice). English Poor Law Policy. 1910. Longmans. 7s. 6d.net.

History of Trade Unionism. 1910. Longmans. 7s. 6d. net.

Industrial Democracy. 1901. Longmans. 12s. net.

Problems of Modern Industry. 1898. Longmans. 5s. net.

The State and the Doctor. 1910. Longmans. 6s. net.

Wells (H. G.). Anticipations of the Reaction of mechanical and Scientific Progress upon Human Life and Thought. 1902. Chapman. 3s. 6d.

The Future in America. 1906. Chapman and Hall. 10s. 6d. net.

Mankind in the Making 1904. Chapman 3s. 6d.

IX. Socialist Newspapers and Periodicals since 1889.

British Socialist, monthly. 1912. London. 3d.

Brotherhood, weekly, 1887-1892. London. 1d.

Monthly, 1892-1905. London. 3d.

Quarterly, 1905- London. 3d.

Christian Socialist, Monthly, 1883-1891. London 1d.

Monthly, 1909. London. 1d.

Church Socialist Quarterly, 1906. Lond. 6d.

Clarion, weekly, 1891. London. 1d.

Commonweal. weekly, 1885-1892. London. 1d.

Commonwealth, monthly, 1896. London. 3d.

Daily Citizen, 1912. London and Manchester ½d.

Fabian News, monthly, 1891. London. 1d.

Forward, weekly, 1904. Glasgow. 1d.

Fraternity, monthly, 1893-1897. London. 1d.

Freedom (Anarchist), monthly, 1885-1908. London

Industrial Syndicalist, monthly, 1910-1913. London. 1d.

Justice. weekly, 1884.London. 1d.

Labour Elector, weekly, 1888-1893. London. 1d.

Labour Leader, weekly, 1891. London. 1d.

New Age, weekly, 1907. London. 1d.

New Statesman, weekly, 1913 London. 6d.

Practical Socialist, monthly, 1999-1997. London.

Progrss, monthly, 1886-1897. London. 6d.

Scout, monthly, 1895-1896. London. 1d.

Seed-Time, monthly, 1889-1898. London.

Social Democrat' monthly, 1897-1912. London. 3d. See
British Socialist.

S. D. P, News, monthly, 1910-1911. London ½ d.

Socialist, monthly, 1905. Edinburgh, 1d.

Socialist, monthly, July to December, 1886. London.

Socialist, weekly, 1888-1889. London ½ d.

Socialist Record, monthly, 1912-1913. London ½ d.

Quarterly, 1913. London 1d.

Socialist Review, monthly, 1908–1913. London. 6d.

Quarterly 1913. London 6d

Socialst Standard monthly, 1904. London. 1d.

Socialist Year Book: edited by J. Bruce Glasier, annual. National Labour Press 6d.

To-day, monthly, 1884–1889. London. 3d. Continued as the International Review, Nos. 1–3 only, 1889.

University Socialist, Quarterly, 1913. Oxford. 6d.

Young Socialist, monthly, 1901. Glasgow. 1d.

Two dates follow publications which have ceased.

X. Pamphlets and Small Books.

Published by the Fabian Society, 3 Clement's Inn. Strand, London, W. C. :——

Fabian Tracts. Nos, 1–173, 1884. about eighty in Print.

Price usually 1d. or 2d. Complete set in print at any time, 4s 6d. net.

Fabian Socialist Series, Nos. 1–9, 1908. All in

print, 1s. each, cloth, 6d. paper. This series is also published by A. C. Fifield, 13 Clifford's Inn, W. C.

Published for the I. L. P., St. Bride's House, Salisbury Square, W. C., by the National Labour Press, 30 Blackfriars' Street, manchester:——

The Socialist Library, vols. I–IX., and extra vol I. cloth, 1s. 6d. net, paper, 1s.

Numerous pamphlets, usually 1d.

Published for the British Socialist Party, 21a maiden Lane, Charing Cross, W. C., by the Twentieth Century Press, 37 Clerkenwell Green, London, S. W.:——

Numerous pamphlets, mostly at 1d.

The Labour Party, 28 Victoria Street, London, S. W.:——

Occasionally politically tracts, Reports of speeches, etc.

The Clarion Company, 44 Workshop Stree, E C., have published a large number of pamphlets.

Catalogues can be obtained from the publishers or the Societies named.

中西名詞對照表

A

Abyssinia 阿俾細尼亞

Adam Smith 亞丹斯密

Adler, Victor, 阿德雷

Afghanistan 阿富汗斯坦

Alexander II 亞歷山大二世

Allen, william 阿蘭

Alsace, 亞爾莎士

America 亞美利加洲

American Federation of Labour 美國勞動聯合會

Amsterdan 阿姆斯特丹

Anarchism 無政府主義

Anderson 安德孫

An Inquiry into Socialism 社會主義研究

Annual Congress 常年大會

Anseele, E. 安錫雷

Arbeiter Jugend 勞動少年

Argentina 阿根庭

Arkwright 阿克來德

Armenia 阿美尼亞

Assotiation of all classes of all nations 萬國各階級協會

Athanasian creed 亞插列細亞司信條

Auer, Herr, 奧爾

Australia 澳大利亞

Austria 奧大利

Aveling, Dr, Edward 阿衞爾

Ayshire 阿協

Azev 亞截夫

B

Babeuf 巴比

Bakunin 巴枯甯

Balkan war 巴爾幹戰爭

Ballance 巴蘭士

Barmen 巴門

Barnard, C, 巴拿德

Barnes 巴恩斯

Bartholomew 巴托洛苗

Barcelona 巴斯洛那

Basel 巴塞爾

Basle 巴蘇

Bastiat-Schulze 巴士梯舒爾慈

Bastille 巴士梯

Battersea 巴特西

Bau und Leben des Socialen Korpers 社會團體之構造與生命

Bavaria 巴維利亞

Bax, Belfort, 巴格斯

Barzard 鮑薩爾

Barzarof 巴查諾夫

Bebel, august, 柏白爾

Beoker 倍克

Beesly 畢士烈

Beethoven 貝多芬

Belgium 比利時

Bell, Richard, 柏爾

Bentham, Jeremy 邊沁

Berger, V. 柏格爾

Bergson 柏格森

Bernard Shaw 蕭伯訥

Beine 柏恩

Bernstein, Ed., 卡斯天

Besancon 柏桑爽

Besant, mrs, Annie, 柏山特

Bismarck 畢士馬克

Bissolati 畢索拉提

Black 布來克書局

Blackpool 布來克堡

Bland, Hubert 布蘭德

Blanqui 布浪婁

Blatchford, Robert 布拉哲佛

Booh 博池

Boeckh 博克

Bohemau 波希米

Boltic 博爾提克

Bonn 波昂

Bosnia 波司尼亞

Bourgeoisie 有產階級

Bourges 波池

Bourses du Travail 地方工會

Bradford 布拉德佛

Bradlaugh 布拉德拉夫

Branting 布蘭庭

Breslau 比洛斯勞

Briand, m., 布良

Britany 不律特列

British socialist party 英國社會黨

Brooks 不洛克

Brouse, paul, 蒲羅斯

Bruno Bauer 鮑亞

Brussels 不律塞

Büchner 畢西訥

Bückeburg 畢克堡

Buenos Ayres 國會 (阿根庭國)

Bulgaria 保加利亞

Burns, John 柏倫斯

Burrows, Herbert, 柏洛士

Burt 柏特

C

Cabet 卡伯

Cadiz 卡地

Cafiero 卡費洛

California 加利佛尼亞

Cameron 卡墨蘭

Campbell, Rev. R. J., 坎柏爾

Capitalism 資本主義

Carangé 卡蘭

Cartagena 卡特機那

Cartel 加迭爾

Cassettengeschichte 小箱案

Catherine 加他僯

Cavaignac 卡維臬

Central Committee 中央委員會

Central party 中央黨

Chambers 兼柏司書局

Champion 狹關阿

Charkoff 卡克夫

Charles 查爾

Charllotte 查洛特

Chartism 民權主義

Chemnitz 開尼慈

Cherbourg 協博

Cheviot 契味阿特

Chicago 芝加哥

Chorlton Twist Co. 科爾頓推司特公司

Clapham 格拉芬

Clarion. The, 格拉林報

Clark, w.; 格拉克

Clare 克烈

Clifford, Dr. 克里佛德

Clither oe 格利截羅

Clyde 克來得河

Collectivism 集產主義

Colne valley 科恩流域

Cologne 柯洛哥

Colonial office 殖民局

Colorado 科洛拉得

Combe, abram, 康不

Committee of control 監督委員會

Commonweal, The, 公益報

Commune, The, atparis 巴黎自治團

Communism 共產主義

Communist manifesto 共產黨宣言

Comte 孔德

Concert of Europe 歐洲列强會

Conféderation génerale du Travail 勞働總會

Considerant 孔西得朗

Co-operative movement 協作運動

Co-operative Productive Society 協作生產社

Copenhogen 孔白海

Cosmogny 天地開闢論

Council 評議會

Crane, Walter, 格烈恩

Credit society 信用公社

Crimea 克里米亞

Cromwell 克林威爾

Crooks 哥洛克司

Czeck-Slav S. D. Labour party 捷克斯拉夫社會民主工黨

D

Daily Herald

Daily citizen 國民日報

Dale 得爾

Darwin 達爾文

Davidson, Thos., 德衛孫

Democracy 民主主義

Denmark 丹麥

Departmental unions 各區聯合會

Derby 德俾

Der pioneer 先驅報

Der radikole deutche socialismus und die christliche gesellschaft 德國徹底的社會主義耶蘇教會

Deutsch-Franzosische gahrücher 德法年報

Devenir Social 社會的形成

Dialectical method 辯論法

Diamond workers 金剛石工人黨

Die Arbeiterfroge und das christenthum 工人問題與耶蘇教

Die Eigenheit 個性

Die voraussetzungen des Sozialismus und die aufgaben

der Sozialdemooratie 社會主義的提議和社會民主主義的命題

Dollinger 多靈格

Donniges 董尼協士

Dowing Street office 當靈街官署

Drakoulis 諸列科列司

Drenteln 德倫特恩

Dreyfus case 特列佛案

Durham 都漢

Dusseldorf 杜塞脫爾夫

E

Ebert 歐柏特

Eden 亞當

Edinburgh 壹丁堡

Eichhorn 愛赫倫

Eisenach 萊生那赫

Elbe 亞爾柏河

Ely, R. T., 亞里

Emmanuel 伊曼紐爾

Encyclopaedia Britannica 大英百科全書

Enfantin 安芬頓

Engels,F., 昂格思

Eense 安塞

Epicurus 伊璧鳩魯

Erfurt 爾佛得

Eufhrates 幼發喇底斯河

Executive Committee 行政委員會

F

Fabian Soiety 費邊會

Facts for Londonners 倫敦人須知

Facts for Socialists 社會主義者須知

Fatalism 宿命論

Ferri 費律

Feudalism 封建制度

Fichte 費西特

Finland 芬蘭

Fisher. 費協

Fourier 傅立葉

France, A. 佛朗司

Franois 佛蘭西

Frankfort-on-the-main 佛郎克佛

Franlein von Döanings 佛蘭萊英

Frederick 腓列特力

Free mazon p 共助會

Free gewerkschaften 自由工會

Freiligrath 佛萊利拉

Friend soicety 友誼會

G

Gapon, Father, 哥朋

Gantier. 古締爾

Genoa 基洛亞

General Council 總會議

Geneva 尼李洼

Georgian 喬濟亞

German Social Democracy 德國社會民主主義

Ghent 干城

Geadstonian Era 佛蘭斯頓時代

Glasier, g. Bruce 格列細

Goethe 哥德

Gotha 哥達

Göttingen 哥庭堅

Grayson 格列孫

Greece 希臘

Greek Lābour Leogue 希臘勞働聯盟

Greifswald 格來弗瓦爾德

Guesde, gules, 蓋司德

Guizot 基左

H

Hoase 哈塞

Halle 哈雷

Hamburg 漢堡

Hampshire 漢柏協

Hampstead 漢柏司特德

Hannibal 漢尼拔

Hanover 漢諾斐

Hardie 哈德

Hartshorn 哈次赫倫

Hasenclever 漢森格列衛

Hasselman 哈色曼

Hatzfeldt 哈慈費爾德

Havre 哈芬

Haytin 海地

Haywoad 黑烏德

Headlam, the Rev.stewart, 黑德蘭

Hegel 黑格爾

Heine 漢訥

Heinsch 漢碩 Held, Adolf 赫爾德

Handerson, Arthur, 漢德孫

Henry george 顯理喬治

Herrn Euger Dühring 杜靈格

Herzegovina 黑齊哥衛那

Hodel 霍德爾

Hodgskin 霍格斯頓

Hohenzollern 霍黑濁列朝

Holland 荷蘭

Hopkins 霍布頓斯

L' Humanite 人道報

Humboldt 洪伯德

Hungry 匈牙利

Hunter 亨特

Huysmans 蓄司門司

Hyndman 信德門

I

Icarie 依卡利

Idealism 理想,唯心論

Iglesais 易格列色

Il sindacalismus 工團主義

Independent Labour Party 獨立勞働黨

Indiana 印地那

Individualism 個人主義

Industrial workers of the world (I. W. W.) 世界工業工人會

Inquisitioh 異教徒審問處

Integralist 集合派

Intellectuals 智力派

International Workingmens association 國際工人協會

International conference 國協公會

International Socialist Bereau 國際社會主義局

Iron Law of woges 工貲鐵律

Italy 意大利

J

Jagstzow 耶格左

Jahrbücher 年鑑

Jamaica 耶墨加

Janet, paul, 耶訥

Japan 日本

Jarrow 耶洛

Jaurès, J, 柔來

Jena 耶那

Jerusalem ，耶路撒冷

Jews 猶太人

Jlasgow 格拉斯哥

John Ball 約翰鮑爾

John milton 約翰密爾頓

Joint Standing Committee 常設聯合委員會

Joseph 爵塞夫

K

Kant 康德

Karakazoff 凱拉科左夫

Karpoff 卡頗夫

Katazama 片山潛

Kautsky 考茨基

Kelso 開爾索

Kennington 克靈頓

Kent 肯德

Ketteler 克特列

Kief 肯夫

Kingsley, C., 經斯烈

Kirk yetholm 闊克葉左

Knights of Labour 勞働黨

Knight Commander of the most Distinguished order of St.Michael and St. Jeorge 聖密査爾和聖喬治的勳爵士

Kommunale Praxis 市府的實習

Kotoku 幸德秋水

Kropotkin 克魯泡特金

L

Labour Electoral League 工界選舉同盟會

Labour Leader 勞働領袖週刊

Labour notes 勞力證券

Labour Party 工黨

Labour Representation Committee 勞働代表委員會

Labour Socialist Federation 勞働社會主義同盟會

Labriola, A., 拉不律阿拉

Lafargue 拉法格

Laissez-faire 放任

Lambeth 蘭柏慈

Lancashire 蘭卡協

Lansbury, george, 蘭司柏烈

Lassalle, F. 拉塞爾

Lassari 拉薩律

Laussame 盧薩

Laveleye 拉威列

L' avenir socialiste des Syndicats 工團社會主義的將來

Lavroff 拉甫諾夫

League of the Just 公正者同盟會

Left center 左中黨

L' Egalit'e 平等

Leipsic 來比錫

Leone, E., 利昂

Leroux, Pierre 列羅

Lessing 雷生

Lett 列特

Lettonia 列托尼亞

Leveller 過激的共和黨人

Liberalism 自由主義

Liberal-labour Party 自由勞働黨

Liberal Party 自由黨

Liebknecht 里布奈西

Lithuanians 利曲利安人

Liverpool 利物浦

Locke 洛克

Logic 邏輯

London County Council 倫敦縣議事會

Longmans 浪曼司書局

Lopukhin 洛樸金

Lorraine 洛林

Louis Blanc 路易柏郎

Louis XVIII 路易十八

Ludlow 盧德洛

Luxembourg 盧森堡

M

Macmahon 馬克馬韓

Madrid 馬得里地

Mainz 梅慈

Maison du Peuple 民衆住所

Malthus 馬爾查士

Manchester theory of State 滿切司特派國家說

Mann, Tom, 門恩

Manning, Cardinal, 曼寗

Marseilles 馬塞伊

Marx, Karl, 馬克思

Materialism 唯物論

Maurice, F. D., 馬利士

Mazzini 馬志尼

Mehring 墨爾林

Merrie England 快樂的英格蘭

Merthyr 墨紱

Meyendorf 梅因道夫

Meyer 麥耶

Mezentseff 梅岑才夫

Milan 米蘭

Militarism 軍國主義

Mill, G. S, 穆勒

Millerand, M., 密列蘭

Milwaukee 密爾瓦給

Miners' Federation 礦工同盟會

Mir 密爾

Moo Donald, alexander, 馬克但那

Moleschott 莫列各德

Money, L. G. Chizza, 孟烈

M. ntceau-les-mines 蒙索

Montgomeryshire 蒙果墨列協

More, Thomos, 穆爾

Morris, William, 摩里斯

Most, 穆司特

Moufang 孟芬

Münster 閔斯特

Muravieff 莫拉衞夫

Nantes 南特

Napoleon III. 拿破崙第三

Napples 納普爾

National Committee for prevention of destination 國民防貧委員會

National Federation of Syndicates 全國工團聯合會

National Labour Federation 全國勞動聯合會

Nesbit, E., 納士傑特

Newcastle 紐卡塞

New Harmony 紐哈謨烈

New Lanark 紐拉拿克

New Rhenish 新萊因報

News from Nowhere 理想國的消息

New town 紐塘

New Worlds for old 代替舊世界的新世界

New zealand 紐西蘭

Nicholas 尼古拉

Nienw nhuis 紐溫藹斯

Nihilism 虛無主義

Nile 尼羅河

Nobiling 拿俾零

Northumbrian 奧坦不林

Nottingham 拿庭海

Norway 挪威

Nuremberg 努倫堡

O

Odessa阿德色

Oliver, Sia Sidney 阿利衛

Open Letter 公開書信

Orbiston 阿畢士頓

Osborne case 阿司邦恩案

Osnaburgh 阿司拿堡

Owen, Robert 渦文

P

Pantheism 萬有神教

Partie Vorstand 執行委員會

Party of Possibilists能行派

Patand, Emile, 泊都

Pease 闢司

Pelloutier 白洛提爾

Perovskaia 白洛夫司克

Persia 波斯

Petty 彼得

Phalange 共產團體

Phidias 腓地

Philadelphia 費拉得爾費

Philippe 腓力普

Philosophie de la misere 貧困的哲學

Phoenicia 菲尼亞亞

Pierson 闢亞孫

Plats 柏拉圖.

Plehve 不列夫

Podmore, Frank, 卜德穆

Pomerania 波摩蘭尼亞

Poor Law 貧民律

Portugal 葡萄牙

Posibilists 能行派

Positivism 實證主義

Potenkin 波頓金

Potter 撲特

Pouget, E., 撲格

Pragne 布拉哥

Primer of Socialism 社會主義初步

Productive association 生產協會

Progress and poverty 進步和貧窮

Progressist Party 進步黨

Proletariat 無產階級

Proudhon 蒲魯東

Prussia 普魯士

Prynnes 布利恩

R

Racowitza 烏拉可維察

Ralahine 烈拉希

Ramsay moc Donald 訥塞馬克但那

Raphael 賴斐爾

Rlcius 烈可侶

Reeves, W. P., 立夫司

R'eformateurs modernes 近世改革家

Reformist 改進派

Revisonism 修進派

Reybaud 雷伯

Ricardo 李嘉圖

Rigi 利吉

Rimmon 利蒙

Rochdale 洛芝得爾

Rodbertus 拉伯爾塔斯

Roller 羅列爾

Ronsdorf 浪道夫

Roosevelt, Theodare, 羅斯福

Roscher 羅協

Roseberry 羅斯柏列

Rousseau 盧梭

Royal Committee on Labour 皇室勞動委員會

Rubicon 魯比孔河

Ruge 儒格

Ruskin 羅斯金

Russia 俄羅斯

S

Sabatage 怠工

Sacerdotalism 牧師教派

Saint-Simon 聖西門

Salford 薩爾夫德

Salonika 薩洛尼克

Sassoulitsch 薩索里池

Savay 色維

Schäffle 狎夫爾

Saxony 薩克遜

Schelling 碩零

Schiller 石樂

Schulze-Delitzsch 舒爾慈代爾池

Schweitzer 石衛次

Secularism 現世主義

Seddon 息當

Seedtime 播種之時

Seine 色訥

Senor Ferrer 息羅斐列

Sergins 塞齊司

Servia 塞爾維亞

Seville 塞維爾

Shackleton 莎克列頓

Shakespear 莎士比亞

Sheffield 協費得

Silesia 細列細亞

Simon 西門

Snowden 司諾頓

Social Democray 社會民主主義

Social Democratic Federation 社會民主同盟會

Socialism 社會主義

Socialist Labour 社會主義工黨

Socialist Leogue 社會主義者聯盟

Socialist Library 社會主義者圖書館

Socialist Review 社會主義者評論

Socialist Year Book 社會主義者年報

Social myth 社會神話

Solid Centre Party 中央穩健派

Solingen 索林根

Solovieff 梭洛威夫

Sorel 索列

South-West Ham 西南漢亭

Sozialaldemokrat 社會民主報

Spain 西班牙

Spargo 斯巴哥

Stamford 斯坦佛得

Stanton 斯坦頓

State Socialism 國家社會主義

Stauning 司托甯

Stead 司提德

Stephanovitz 斯蒂芬諾斐

Stepniak 斯特布尼克

Stöcker 司托克

Stolypin 司托里濱

Strike 同盟罷工

Stuart 斯徒亞德朝

Stutgart 司徒嘉德

Surplus value 羸餘價值

Sweden 瑞典

Switzerland 瑞士

Sydicalism 工團主義

System of acquired rights 既得權制度

T

Taff Vale Judgment 達夫威爾判決案

Taylor 脫列

Teltow 特爾托

Tennyson 狄爱森

Thaler 達列

The alliance Cabinet-makers'union 細工木匠同盟會

The History of Socialism 社會主義史

The Poor man's Guardian 貧民的保護者

Thomas, Emile, 陶慕斯

Thorne 濁恩

Tillet 提雷

Todt 托特

Tôlcke 托爾克

Tolstoy 托爾斯泰

Torshok 托學克

Tory 保守黨

Trade benefits 職工利益

Trade Disputes act 職工紛爭條例

Trades council 職工公會

Trade unions 工聯

Trafalgar square 陀發嘉場

Trepoff 居列波夫

Treves 特列夫

Tripoli 居列撲里

Trust 托辣斯

Tsardom 俄國皇室

Tübingen 曲賓根

Turati 曲列笛

Turgenief 脫格尼夫

Turkey 土耳其

Twer 推爾

Tytherley 提特烈

U

Underground Russia 地底的俄羅斯

United Socialist Council 聯合社會主義者議會

United States of America 北美合衆國

Universal German Working men's association 全德工人聯合會

Unpaid labour 無償勞力

Utopian Socialism 烏託邦社會主義

V

Vaillant 威蘭

Vandervelde, M., 汪德威爾德

Victoria 維多利亞

Viviani 威衞尼

Von Scheel 汪協爾

Vollmar, G. Von, 威爾馬

Vooruit 沃羅特

Vorwarts 進步報

Voltair 福祿特爾

W

Wages Board for Sweated labour 勞力工資部

Wages-fund theory 工資基金論

Wagner, Adolf 瓦格納

Waldeck-Rousseau 瓦爾德盧梭

Wales 威爾士

Wallachien 哇拉生

Wallas 哇拉斯

Waterloo 滑鐵爐

Warsaw 瓦薩

Webb, Sidney, 衛布

Wells, H. G., 衛爾斯

Wermelskirchen 維爾墨司克滑

Wentworth 溫特渥斯

Westcott 衛司科特

Westfhalen 威斯特華倫

Whig 民黨

Whitsuntide 費特孫台德

Wigtownshire 衛格塘協

William I. 威廉一世

Wilshire 威爾協

Wintermärchen 冬話

Witte 威特

Wolf 哇爾夫

Women's labour League 婦女勞動同盟會

Women's Socialist Conference 婦女社會主義評議會

Wooler 吳列

Woolwich 屋爾衞池

Workmen's club 工人俱樂部

Y

Yeast 耶斯特

Yorkshire 約克協

Z

Zemstvos 截司德瓦

Zurich 齊利池

一千九百二十年十月出版

平裝
定價大洋八角

原著者　克卡樸

增訂者　闢司

翻譯者　李季

印刷及發行者　新青年社